KB211072

선교란

메콩강소년 정도연의 묵상

선교란

· **초판 2쇄 발행** 2020년 3월 15일

· 지은이 · **정도연**
· **펴낸이** · **민상기** 편집장 · **이숙희** **펴낸곳** 도서출판 **드림북**
· **인쇄소** · **예림인쇄** 제책 · **예림바운딩** 총판 · **하늘유통**(031-947-7777)
· **등록번호** 제 65 호 · **등록일자** 2002. 11. 25.
· 경기도 의정부시 가능1동 639-2(1층)
· Tel (031)829-7722, Fax(031)829-7723

선교란

● ● ●

메콩강소년 정도연의 묵상 ● ● ●

정도연 지음

드림북

저자 서문

선교는 특별한 은혜를 받은 사람만이 한다거나 특별한 은사가 있어야만 할 수 있는 일이 아니다. 예수 그리스도를 주로 고백하고 회개하여 욕망으로 가득 찬 마음을 비워내고 그곳에 하나님의 통치를 받아 하나님 나라를 넓혀가는 하나님의 사람은 누구나 할 수 있고 누구나 해야 할 일이다.

그 평범한 하나님의 사람이 경험하고 느낀 선교 이야기를 나누고 싶었다. 나는 오직 목사가 되고 싶은 하나의 꿈만 가지고 있었다. 목회의 꿈도 작은 농어촌에 들어가 마을 주민들과 공동체를 이루어 함께 일하고 함께 예배드리며 사는 것이었다. 욕심이 있다면 모든 성도에게 악기를 가르쳐 전 성도가 다 찬양대원이고 오케스트라 연주자인 교회를 소망한 것이다.

선교사는 나의 꿈이 아니었다. 오히려 비판적 대상이었다. 그런 내가 선교사의 길을 간 것은 '그곳에 내가 필요하다'는 한 마디였다. 이렇게 시작한 선교사 생활이었으니 자연히 좌충우돌의 나날이었고 그, 덕분에 스스로 묻고 질문하며 하나님이 베풀어 주신 광대한 선교 교실에서 선교학을 쌓아갈 수 있었다. 누군가 정의한 다양한 선교 이론에 얽매이지 않고 선입관 없이 현장에서 땀 흘릴 수 있었다는 것이 감사이고 복이다.

이론과 이론을 접목해 만들어진 학자들의 이론도 좋지만 나는 현장에서의 도전과 경험, 실패와 좌절, 작은 성공 뒤에 이어지는 더 큰 장벽들, 그것을 넘어 오면서 틈틈이 기록해 둔 글들을 선교지 파송 20년차부터 올 해까지 10년간 정리해 보았다. 30년이 지나보아도 여전히 부족하지만 보통 사람, 평범한 성도로서 하나님의 역사에 은혜로 동참해서 받은 하나님에 대한 이해와 그분에 대한 깨달음을 「선교묵상집」으로 옮겨본 것이다.

이 책을 통해 함께 하나님을 더욱 깊이 알아가는 이웃이 많아지길 바라며, 편집에 용기를 내도록 도와준 사랑하는 아내와 여러 동역자들의 응원에 감사한다. 아울러 약함이 더 많은 글들을 예쁘게 꾸며주신 출판사 드림북 민상기 사장님께도 감사드린다.

2020년 2월 1일 메콩강변에서
메콩강소년 정도연선교사

차 례

선교는 삶이다 I

▼메짠공동체 화야실교회 헌당 예배

선교란

01 선교는 하나님의 약속의 말씀과 그 구원의 역사를 이야기하고 그 진리의 말씀과 역사 속에 담겨져 있는 하나님의 사랑을 전하고 그 하나님의 뜻을 따라 사는 것이다.

02 선교는 우리는 하나님 나라를 위해 원대한 일을 계획하지만 내가 그 나라의 아주 작은 조연자 중의 한 사람일 뿐이라는 사실을 깨달아 가는 과정이다. (골3:23, 눅 17:10)

03 선교는 내가 만난 선교 현장의 문화를 낯설고 이상히 여기다가 어느 날 오히려 내가 저들에게 이상하고 낯선 존재라는 것을 깨닫게 되고 겸허해지기 시작하는 것이다. (빌2:3)

묵상

년   월   일

04 하나님께서는 이스라엘을 위해 가나안 땅을 예비하셨지만, 가나안을 들어가기 위해서는 먼저 광야를 지나야만 했다. 이스라엘이 하나님께 순종하는 삶의 법칙을 배우기 원하셨던 것처럼, 나를 선교사로 불러 메콩강이라는 광야로 인도하신 것도 내게 순종하는 삶의 법칙을 가르치기 위한 것이다. (마28:19~20,애3:33)

05 모세는 장인 이드로 즉, 이방 미디안 사람의 조언으로 이스라엘 민족의 리더십의 기초를 세웠다. 선교도 이와 같이 세상이 이해할 수 있는 상식과 과정 속에 세워져 간다. 그리고 그 위에 하나님이 기름 부으셔서 사용하시는 것을 체험함으로 그 분의 뜻을 깨달아 가게 된다. (행1:8)

06 진실을 적극적으로 사랑하려고 노력하는 행위이다. 진실은 속된 인간관계보다는 참과 거짓을 더 중요하게 생각하고, 내게 있는 것으로 만족하고 욕심내지 않는 것이다. 여기서 욕심이란 다른 사람도 행복할 권리를 가지고 있다는 것을 알지 못하는 것을 의미한다. (요3:16,빌4:11)

묵상

년   월   일

07 선교는 자신의 욕망을 이겨내지 못하면 절박한 하나님의 꿈이 나의 꿈이 될 수 없다. 그 분의 꿈이 나의 꿈이 되어 이방 문화 속에서도 흔들림 없이 살아가면서 그 꿈이 육체적 욕망과 나태함을 이기게 하고 부름 받은 나의 한계를 깨달아 살아가는 절제된 삶을 이방인들에게 나누어 주는 것이다. (빌 2:13)

08 끝이 없는 욕망에 이끌려 편리함만을 추구하는 세대를 향해, 다소 불편할지라도 평안이 있는 삶을 보여주어야 한다. **선교는** 문명의 이기를 강요하는 것이 아니라, 문명의 편리가 파괴해온 자연의 평안을 회복하는 것이기 때문이다.

09 우리가 노력한 만큼 얻지 못하고, 먹어도 배부르지 않고, 번성을 원하나 도리어 작아지고, 잘 될수록 교만해진다. 그 이유는 우리에게 진실이 없고 희생을 각오한 사랑이 결핍되어서다. 호세아 4장1-10절 말씀처럼 하나님을 아는 지식이 없기 때문이다. **선교는** 이런 우리 삶의

묵상

년   월   일

모습일지라도 솔직하게 보여 주고 나누는 것이다.

10 마약환자라는 사회적 격리 대상이었던 한 아이가 있었다. 막연한 희망뿐이었지만, 마음의 문을 닫지 못한 채 10여 년의 세월을 보냈다. 그러나 지금, 객석에 앉아 그 아이가 영적 리더가 되어 이끌어 가는 공동체를 향해 박수를 보내고 있다. 또한 가끔은 지쳐 힘들어 하는 그에게 내 어깨를 내어주는 것을 감사한다.

11 선교는 하나님의 말씀 없이 살아가는 사람들이 형통할지라도 그것을 부러워하지 않는 내 삶의 모습을 나누고 보여주는 것이다. 하나님을 의지하고 그 말씀대로 사는 것이, 당장은 어려워 보여도 그 길만이 우리가 망하지 않는 길이며 안전한 길이라는 것을 삶을 통해 확증해 가는 것이다. (삼상2:30)

12 선교는 내가 배우고 깨닫고 가르치는 하나님의 말씀에 나 또한

년   월   일

훈련시켜가는 과정이다. 그리스도인은 훈련이 아닌 믿음으로 되는 것이다. 훈련에 의하여 그리스도인이 될 수는 없다. 그러나 하나님의 말씀에 길들여지지 않고 훈련되지 않은 그리스도인은 아무 쓸모없는 존재가 되고 만다. (마28:19)

13 선교는 하나님을 떠난 자를 하나님 앞으로 다시 돌아오게 하는 것이다. 내 안에 들어와 있는 악은 나로 하여금 바른 하나님의 말씀을 듣지 못하게 한다. 그것이 우리를 하나님께로 돌아가지 못하게 하는 방법이라는 것을 악은 너무나 잘 알기 때문이다. (마10:6)

14 선교는 삶 가운데 예수님이 없는 사람을 찾아가는 것이다. 가난하고 소외된 자들 뿐 아니라, 나보다 더 풍요롭고 똑똑하며 지혜로운 자들이라 할지라도 그들의 삶에 예수님이 없기에 찾아가 예수를 증거해야 하는 것이다.

묵상

년   월   일

15 아무리 심하게 깨어지고 망가진 사람이라 할지라도 자신의 상태를 인정하고 하나님 앞에 돌아오기만 하면 하나님은 그를 치료하시고 회복시키신다. 그 뿐 아니라 깨어지고 망가지기 전보다 더 온전한 모습으로 회복시키신다. **선교는** 이런 하나님을 고백하고 보여주는 삶이다.

16 깨진 질그릇 같은 존재가 하나님의 은혜 때문에 다른 이 앞에서 기 펴고 우쭐거리며 살아볼 때가 있다. 그러다 문득 내가 이렇게 인정받고 대접받는 것은 모두 하나님의 능력과 은혜라는 것을 깨닫고 감격하는 삶이 선교다. (고후4:7)

17 세상의 기준으로 보아도 실망스러운 선교 현장의 여러 문제들은 내가 하나님을 잘못 이해하거나 그 분의 뜻을 깨닫지 못해 일어나는 문제다. 내가 믿고 소개하는 예수님은 실수가 없으시고, 구원을 위해 완벽한 삶을 사시고 가르치신 분이다. **선교는** 나의 부족함을 인정하고 겸손을 배워가는 삶이다.

년   월   일

18 선교사는 신비한 존재로 남아서는 안 된다. 하나님의 형상을 닮은 인격적인 존재인 인간은 계시를 통해 하나님을 깨달아 가듯이 나를 상대에게 알릴 때 상대도 나에 대해 알 수 있게 된다. **선교는** 내가 섬기고 있는 영혼들이 내가 그들을 아는 것보다 그들이 나를 더 많이 알게 해야 한다. (엡2:10)

19 선교 현장에 있다 보면 무언가를 특별하게 해주지도 못하고 해줄 수도 없는 상황이 왕왕 있다. 그럴 때면 안타까운 마음으로 그들이 겪고 있는 슬픔과 고통 곁으로 다가간다. **선교는** 그 좌절의 현장 속에서 그저 묵묵히 그들 곁을 지키며 하나님의 말씀이 온전히 지배할 수 있도록 겸손하게 함께 기다려주는 것이다. (약1:27)

20 선교는 강물은 갈라진 강바닥을 먼저 적시고 나서야 흐른다는 사실을 깨닫고 그 바닥을 먼저 적시도록 돕는 일이다. 그동안의 인내와 헌신으로 메말라 있던 선교지와 현지 지도자들도 이젠 강이 되었

년   월   일

다. 그러나 방향이 전혀 다른 지류를 만들어 강물을 다른 곳으로 흘러
가게 해서는 안 된다. (요3 1:2)

21 하나님의 뜻과 섭리를 믿는다는 것은 아무 일도 안한다는 뜻이 아
니다. 무슨 일을 계획하고 진행할 때 세상에서 성실히 사는 자들이라면
상식적이고 이해 할 수 있는 가능한 계획을 세우고 실천해야 하며, 그
일에 대한 열정과 노력 또한 세상에서 무언가를 이룬 사람들의 열정과
땀 흘린 것 못지 않아야 한다. 그때 하나님께서 개입하시고 일하신다.

22 선교는 사람들에게 실망하고 상처 입어 하나님을 떠난 자들을
찾아가 하나님의 형상을 닮은 존재의 모습, 즉 완전하지 않을지라도
예수님의 가르치심대로 살아보려고 민감하게 노력하는 신실한 삶의 모
습이다.

23 선교는 모든 인류를 얽매고 속박하는 죄의 부끄러움과 책임을 예

년   월   일

수 그리스도의 십자가의 구속의 은혜로 이겨가는 자의 삶을 나누는 것이다. (요16:33)

24 선교는 용서의 전문가이신 하나님 앞에 두려워하며 사는 것이다. 우리 인간들이 하나님 보다 인간을 더 두려워하는 이유는 하나님은 무한히 용서하시는 분이시고 사람은 용서하지 않는 존재이기 때문이다.

25 선교는 깨닫는 자가 깨닫지 못하는 자의 몫까지 품고 책임지며 살아가지만 보상을 바라지 않는 것이다.

26 선교는 아무도 밟지 않은 새하얀 눈 밭, 자연과 신비함을 간직한 채 21세기가 오는 동안 때 묻지 않고 보존된 종족들과 그들의 문화와 전통, 언어, 풍습을 먼저 맛보는 특권을 누리며 사는 것을 감사하는 것이다.

년   월   일

27 선교는 자원하여 드림이 습관화 되어있는 자들의 삶이다. 이스라엘 백성 중에 족장들과 종교의 리더들은 지적해야 깨닫고, 비전에 대해 흥분시켜야 행동에 옮기는 사람들이다. 선교사는 자발적 나눔이 생활화 되고 몸에 배어있는 사람들이다. (출35:27)

28 선교는 자신이 스스로 선택해 시작한 길이건 타의에 의해 어쩔 수 없이 시작했던 일이건, 일단 시작된 일은 하나님의 구속적 은혜와 섭리에 감동되어 스스로 자원하여 자발적으로 기쁨으로 한없이 희생하되, 보상을 바라지 않고 인내하며 오래오래 해야 하는 하나님의 일이다.

29 선교는 세계화 시대에 다른 나라에서 외국인이란 특권을 가지고 쉽게 접할 수 없는 여러 혜택을 누리며 살아간다는 것이 은혜라는 것을 깨닫고 감사하는 것이다.

30 선교는 세월과 연륜에 따라 당해야 하는 어려움과 핍박, 좌절의

년   월   일

양상이 다르고 맛보는 성취감과 기쁨, 희망의 스펙트럼도 넓어짐을 발견하는 것이다.

31 선교는 설령 경건의 능력이 부족하다 할지라도 경건의 모양을 담고 있는 지정된 예배의 장소와 시간, 지정해 놓고 섬겨야 하는 영혼들, 매일 미루지 않고 해야 할 일들을 놓치지 않고, 그것들 때문에 하나님의 말씀이 주는 부담을 매일 느끼며 사는 것을 행복해 하는 것이다. (딤전4:7)

32 선교는 변화와 변혁의 중심에 서서 온 몸으로 진리로부터 오는 자유를 추구하고 누리기 때문에, 때로는 왕따를 당하고 시기와 질투를 받을 수도 있지만, 결코 의롭게 살려는 자를 왕따 시키는 자리에 함께 서지 않으며 진리를 시기하고 질투하지 않는 것이다.

33 선교현장에서 사는 선교사들이야 날마다 상황을 보고 자극받기 때문에 안타까워하고 사랑하려는 모양이라도 내보려하지만, 더 중요

년   월   일

한 사실은 이런 미성숙한 선교사의 이야기만 듣고도 감동받아 자원하여 기도하고, 땀 흘려 모은 물질로 지원을 아끼지 않은 수많은 동역자들이 있었다는 것이다.

34 선교는 사람을 만나는 일이다. 선교지에서 조심스럽고 지혜롭게 만나야 될 사람이 있다.

    1. 존경할 수 없는 데 복종해야하는 사람

    2. 마음을 나눌 수 없는 동기 동창, 동역자

    3. 나의 잠재 능력을 발휘할 수 없게 하는 대상

    4. 나의 수고와 땀의 결과를 독점하도록 부추기는 사람

35 목회자나 선교사라도 홀로 있으면 죄의 본성과 습관을 이기지 못해 게을러지기 마련이다. **선교는** 말씀의 통제 아래 있다 할지라도, 혼자서는 자신을 지켜갈 수 없는 나약한 존재이기 때문에, 죄의 본성으로부터 나를 이겨갈 수 있는 시스템과 환경을 만들어 스스로를 지키려 애

년   월   일

쓰는 삶이다. (마11:29)

36 선교는 세상에서는 자신 하나 건사하기 힘든 무능한 자라도 하나님께 부름 받아 쓰임 받으면 의미 있는 존재가 되고, 부족하고 부끄러운 헌신과 노력만으로도 이방 영혼과 사회 속에 복음의 영역이 조금씩 넓혀져 가는, 영적 성취감을 맛보는 것이다.

37 선교는 이방 영혼과 문화가 하나님께 돌아오도록 하는 일에 부름 받은 공동의 목표와 사명을 소유한 자들의 공동체이지만, 이방인이나 저들 사회로부터 오는 갈등이나 도전보다도 선교사 공동체 안에 있는 자존심, 경쟁심, 시기 질투라는 적을 더 지혜롭게 잘 극복해야 하는 것이다.

38 선교는 내 안의 바리새와 대제사장적인 기득권이 예수를 십자가에 못 박아 버린 것처럼, 보고 경험하고 증명된 분명한 사실조차 한 조

묵상

년   월   일

직과 집단의 유익을 위해 침묵해 버리거나 양심의 가책 없이 뒤집어버리는, 구조적 '악'과의 대립에서 선한 방법으로 극복하고 이겨나가는 지혜를 요하는 일이다.

39 선교는 동역자를 만나 큰 기대를 가지고 사랑으로 섬기다가 배신당했을 때, 섬김과 사랑에 대한 배신감으로 건강마저 잃고 나서야 주님의 섬김과 사랑 앞에 나 자신이 바로 배신자 가룟유다라는 사실을 알아가는 과정이며 **선교는** 내 사랑이나 섬김으로 되는 것이 아니라, 주님이 주시는 은혜로 가능하다는 것을 깨달아가는 과정이다.

40 선교는 사람을 만나 교육하고 감동시켜 그 안에 잠재된 능력을 개발해내도록 끊임없는 응원과 격려로 돕는 것이다. 그가 속한 사회의 한 구성원으로 그에게 가장 적합한 자리에서 가장 적합한 일을 가장 확실하게 감당해 성숙한 공동체를 세워가는 일에 쓰임 받도록 하는 양육 리더십이다.

년   월   일

41 부패한 문명의 이기에 영향을 받는 것보다는 오히려 순수한 자연 속에 있는 문맹이 인류를 더 행복하게 할 수 있다. 선교를 할 때 무엇보다 조심하고 경계해야 할 것은 타락한 기독교 문화와 가치관의 침투이다. 이로 인해 한 번 변질된 사회는 회복이 참으로 어렵고 더디다는 사실을 깨닫고 순수 복음의 가르침을 위해 몸부림치는 것이다.

42 선교는 사람을 사랑하고 섬기는 것이 체질화 된 사람들의 삶이다. 하나님의 자녀는 사람을 사랑하고 그 사랑하는 사람들이 살아가는 삶의 모든 환경을 사랑하여 섬기고 봉사하는 것이 체질화되도록 끊임없는 자기 부정을 통해, 하나님 나라의 거룩한 사랑의 문화를 이루어가는 것이다.

43 선교는 전도하는 습관이 체질화되어 언제, 어디서, 누구를 만나, 무엇을 하던지, 그리스도의 향기를 드러내려는 자의 삶이다. 대화의 기회가 주어지면 자연스럽게 예수님을 소개하고 나의 삶을 통해 역사하

묵상

년   월   일

시는 하나님을 증거하며 소망의 이유에 관해 묻는 자에게 대답할 것을 항상 준비하는 습관과 문화 속에 사는 것이다. (고후2:15)

44 선교는 기도생활이 체질화 되어 간구에 대한 하나님의 응답이 신속하게 이루어지지 않는다거나, 기도를 하는데도 하나님께서 함께 하신다는 능력의 현장을 체험하는 기쁨이 없더라도, 기도하지 않으면 찜찜해서라도 평생 기도하는 자의 삶이다. (엡6:18-19,골 4:2-3)

45 선교현장은 감독관도 없고 하나님도 눈에 보이지 않아 얼마든지 자기 안에 있는 종교적인 본성을 표출하면서, 마치 그것이 하나님이 주신 은혜인 것처럼 착각할 수가 있다. **선교는** 그것을 경계하여 스스로를 겸손히 낮추어 기꺼이 다른 사람의 통제나 제도 아래 자신을 두는 것을 기뻐하고 감사해야 하는 것이다. (빌 2:3-4)

46 선교는 하나님께서 주신 자유를 사용함에 있어서는 복음으로 스

년   월   일

스로 짊어진 사랑 때문에 자기 자신을 위한 욕심에는 무거운 멍에를 씌워 절제하고 포기하지만, 다른 사람의 행복과 평화, 축복을 위해서는 아낌없이 나누어 주는 것이다. (갈 5:13)

47 선교는 거룩한 하나님의 자녀라는 영적 '자존감'이 죄로 부패한 '자존심'이 되어 정당한 진리의 가르침과 통치를 거부하고 오히려 악을 두둔하려는 교만한 마음을 버리고, 하나님이 세워주신 질서에 기꺼이 복종하며 사는 모습을 보여주는 것이다. (요1:12, 갈5:1.13)

48 선교는 긴 시간 동안 계획하고 준비한 사역일지라도 현장에서 동일한 종류의 사역이 의미 없이 중복되지 않도록 배려하는 것이다. 만약 이미 진행되고 있다면 먼저 그 일을 시작한 자들이 다소 부족하고 연약할지라도 인정해줄 뿐 아니라, 내가 이곳에 온 것은 이들과 협력해 선한 동역을 이루어가는 것이라 믿고 자신의 욕심을 내려놓는 것이다.

묵상

년   월   일

49 복음에 대한 열정 때문에 현지에 대한 자세한 조사가 없이 사역을 시작하다보면 혼란과 미흡함을 느끼게 된다. 그때 그 지역에 이미 동일한 사역을 하고 있는 선교 단체나 동역자에게 본의 아닌 실수가 있다면, 늦게라도 자신의 실수를 인정하고 겸손히 하나님 나라의 질서를 세워 갈 수 있어야 하는 것이다.

50 우리가 누구에게 순종하든지 순종하는 자의 종이라는 말씀과 같이, 자신이 알고 지내는 몇몇 후원자나 지인뿐 아니라 언제, 어디서, 누구 앞에서든지 지금 자신이 하고 있는 일은 하나님께 하는 순종이라고 말할 수 있는 일을 하는 것이 선교다. (롬6:15-19)

묵상

년   월   일

메콩강 소년 정도연

김성락 목사
(소설가, 시인, Litt. D)

한국근대사에 있어서 참으로 슬프고 가슴 아픈 국가적 재난(災難)
이나 역사적 변고(變故)가 있을 때마다 한국교회가 분파를 일삼거나
교단이 분열되는 등의 종교적 범죄행위가 어김없이 비롯되었고, 이에 반
하여 한국교회가 해외에 파송한 선교사의 숫자가 1만을 돌파했을 때
는 국가 경제지표 GNP가 1만을 넘어섰고, 파송선교사의 수가 2만에
육박하였을 때에는 GNP도 2만을 기록하다가, 지난해 말로 해외 선교
사가 170개국에 27,436명에 이르렀다가 급기야는 3만 명을 헤아리자
드디어 우리나라의 GNP도 3만을 넘어서는 쾌거를 이루었다는 듣기 좋
은 덕담(德談)을 접하고서 우리는 입가에 웃음을 머금고 있다. 결국 선
교는 나라의 돈을 해외로 내보내는 낭비가 아니요 오히려 선교국인 조
국(祖國)을 부강(富强)케 하는 첩경이기도 하다. 또한 우리는 흔히 전
도는 자국인을 향하여 그리스도를 소개하는 행위요, 선교는 외국인을
향해 복음을 제시하는 사역이라고 구분하기도 하지만, 실제로는 그리
스도를 내 안에 모신 자는 모두가 '선교사(宣教師)'요 예수의 영이 없
는 자는 모두가 '선교지(仙敎地)'라는 사명자의 열정의식에 더욱 공감

하는 입장이라고 말할 수 있겠다. 그러니까 국내에서도 해외에서도 전도하고 선교하니까 전도나 선교를 군이 구분지어 말할 필요는 없다고 하겠지만, 그럴지라도 우리가 하나님께 부름 받은 사명의식대로 해외에서건 국내에서건 언제 어디서나 누구에게든지 구령 열에 불타는 가슴으로 복음을 전하는 일을 감당해야 할 터이다.

그런 중에도 30여 년 전 태국에 날아가 지금껏 사역하면서 여러 곳에 신앙공동체를 세우고, 만민을 제자삼아 아버지와 아들과 성령의 이름으로 세례를 베풀고 신학교를 세워 그들을 양육하고 가르쳐 온 '메콩강 소년 정도연 선교사'의 사역은, 가히 선교역사(宣敎歷史)에 길이 남을 만한 값지고 아름다운 사역이었다고 사료되는 것이다. '하나님의 일은 성공도 없고 실패도 없다'고 말하기 때문에 필자는 그의 사역을 성공적인 사역이었다고 평하기 보다는 그 사역을 통해 얼마나 많은 영혼이 주께로 돌아왔는가! 그 사역을 통해 하나님께서 얼마나 큰 영광을 받으셨는가! 그 사역을 통해 하나님의 나라는 얼마나 드넓게 확장되었는가를 회고해 보지 않을 수 없게 되었다.

존경스럽고 사랑스럽고 자랑스러운 그는 해외 선교사로 떠나기 전에도 필자와는 한 교회에서 함께 사역하던 동역자이기도 했고, 태국으로 떠난 지 30여 년이 지난 지금까지 수 십 년을 지켜보고 있는 바, 치앙마이와 치앙라이, 그리고 다섯 나라를 끼고 메콩강이 유유히 흐르는 골든트라이앵글 지역에 이르기까지 폭넓은 선교 사역을 감당하며 견디어 왔고, 무엇보다도 그는 자립선교의 비전을 가지고 음악학당이나 한글학교를 이끌어 왔으며, 유수한 엘리트 미용사를 배출해 냈고 미래가 암울한 부족국가의 수많은 청소년들을 산간마을에서 도회지로 이끌어 내어 인재로 양성해 낸 점은, 아마도 태국 정부에서도 가장 값진 훈장을 추서해도 손색이 없을 만큼 현지 국민의 시각으로 보아도 그는 당연히 그 나라의 애국자(愛國者)임에 틀림이 없을 것이다.

그는 참으로 정직한 사역자다. 우리도 반라차나 남단느아나 껑쌍지역에 교회를 세우지만, 어느 교회나 기관에서 선교헌금을 모아 놓고 어느 곳으로 보내야 하나님께 진정한 영광을 돌리며 가장 값지고 의롭게 쓰여 질 것인가를 위해 기도하고 있다면, 필자는 기꺼이 '태국의 정도연 선교사께 보내라'고 서슴없이 권하고 싶다. 왜냐하면 그가 하나님의 뜻을 헤아려 가장 의롭고 선하고 정직하게 사용할 것이기 때문이다. 그곳에는 아직도 많은 섬김이 필요하다. 또한 그의 평생 동역자인 아내도 누구 못지않게 신실한 여성이다. 그들 부부 같은 '혈맹동지'는 없을 터이다. 그리고 그들 부부 같은 '절친한 친구사이'도 찾아보기 힘들다. 그들 같은 '환상의 동역자'도 만나기 어려울 것이다. 그들 내외는 '가장 절묘한 파트너'라고 여겨진다. 정녕 정도연·이미숙 선교사 같은 '명콤비'는 어느 곳에서도 흔치 않을 것이라고 본다. 그만큼 그들은 정직한 마음으로 부부가 하나가 되어 은혜롭게 사역을 감당해 왔던 것이다.

지금으로부터 얼핏 30여 년 전에 '후에이콩 마을'을 갔을 때부터 필자는 저들을 저 유명한 프랑스의 화가 '밀레'와 그의 부인 '루메르'에 비한 바 있다. 자연을 그토록 사랑했던 가난한 농민화가 밀레가 평생을 캔버스 앞에서 묵묵히 그림만 그려도 아무런 불평 한 마디 없이, 남편의 그림틀을 잡아 주고 도와주며 가난을 참아내고 아이들을 키워낸 그녀를 닮아 이미숙 여사는 신실하게도 남편을 잘 도왔다. 그리함으로 그들은 빠마이 공동체, 치앙마이공동체, 메짠 공동체, 메콩강 공동체, 몽족 공동체 등을 통하여 무려 47개 처에 교회를 세웠고, 지금까지 수많은 일꾼들을 자신의 어깨위에 우뚝 세워 인재를 양성해 내고 있지 않는가 말이다. 지금 은혜롭게 세워지고 있는 몽족 공동체의 채플도 눈물겨운 간증이 있는 아름다운 교회다.

'책이 없다면 신(神)도 침묵을 지키고, 정의는 잠자며, 자연과학은 정지되고, 철학도 문학도 말이 없을 것이다'는 철학자 토마스 바트린의 말처럼 우리는 기회 있는 대로 책을 펴낸다. 그러나 어디 책이라고 다 책인가. 본서가 책다운 책이 되기를 간절히 염원(念願)하면서 금번 정도연 선교사가 '선교'란 주제를 가지고 단상들을 써서 모아온 400여 편의 주옥같은 글들을 엮어 책으로 펴냈다. 사랑하는 선교 후원자들과 독자 여러분의 필독을 권하는 바이다.

- 30년 이상 기도와 사랑으로 함께 해 주신 선배 목사님

부르심

정 도 연

사흘 동안 육백 마장을 넘게
차를 달렸다

무너진 도로 위를 가까스로 지나면
끊어진 다리 옆, 흙탕물 시내를
쪽배가 된 차로 헤엄치듯 건넜다

하늘을 달리는 듯
현기증이 날만큼 깎아지른 절벽 길
메마른 그 길 위 뭉게뭉게 피어오르는 흙먼지로
허기짐의 끼니를 때우며 달렸다

아카, 뿌랑, 타이르, 타이야이, 한족...
소수부족 마을들이 아닌
그어지지도 않은 국경들을 수 없이 넘나들었다

그 곳엔

날 기다리는 나의 천사들이 있고

창조주의 뜻을 따라 할

수많은 과제들이 있다

이렇듯

내 짙푸른 심장은 벌써 저만큼 앞선 음을 내는데

내 단풍든 삶은 뒷거둠 여음져 울린다

* 5월 4일부터 6일까지 메콩강 상류, 미얀마 4특구 멍라, 쓸러, 남반, 쏠래를 다녀오며

51 선교는 하나님 나라의 사도들은 물론이고 함께 사는 세상 사람들도 꼭 필요한 일, 잘한 일이라고 인정해 줄 수 있는 일이어야 한다. 내가 하고자 하는 일이 나와 가족이 그곳을 떠나지 않고 살기위해 시작한 일이거나, 출발할 때부터 선교를 계획하고 받아온 후원금 때문에 시작한 일이 아니어야 한다.

52 선교는 이 땅에 세워져 가는 하나님 나라의 블루오션에 도전한다는 이유로, 또는 진리와 거리가 먼 분파적이고 소모적인 모임에 함께하지 않는다는 이유로, 혹은 남들이 생각하고 도전하지 않는 일을 한다는 이유로, 아군으로부터 왕따 당하는 것을 부끄러워하지 않은 것이다.

53 하나님 나라의 일은 나 혼자서 아무리 열심히 충성해도 여전히 누군가의 도움과 협력이 필요한 일이다. 내가 먼저 와서 신실하게 일 하고 있는 곳에 느닷없이 자기도 선교사라고 와서, 어린아이 같이 행하는 모습으로 상처 받거나 공격하지 않고 겸손히 용납하고 기도하며 협력

년   월   일

하는 것이 선교다.

54 말씀을 통해 전해주신 하나님의 뜻이 모두 이해되어서 순종이란 행동을 하는 것이 아니라, 열 가지 중 한 가지만 이해되어도 순종하고 보니 두 번째가 이해되고 두 번째를 시작하고 나니 그동안 이해하지 못했던 세 번째, 네 번째 것들이 차례로 이해되어져 가는 기쁨의 생기를 맛보게 되는 것이 선교다.

55 "죄의 종으로 사망에 이르고 혹은 순종의 종으로 의에 이르느니라."(롬6:16) 내가 말씀을 듣고 순종의 첫 걸음을 떼는 순간 하나님께서 나를 하나님의 뜻이 있는 목적지까지 이끌어 주신다는 것을 믿는 것이 선교다.

56 선교는 때로는 모든 것을 멈추고 아무것도 하지 않은 채 조용히 이 세대와 진행되어가는 일들을 바라보며 하나님을 묵상하는 것이다.

년   월   일

57 선교는 천국의 맛을 모르는 자들에게 천국의 귀하고 비밀스런 가치를 가르치기 위해, 세상적 가치에 익숙했던 죄인이 하나님께서 사랑으로 이루신 의를 힘입어 하나님 나라의 가치를 따라 살려 노력하고 애쓰며, 영혼을 섬기는 것이다.

58 선교는 이방인의 방해나 핍박이 있는 환경이나 상황보다도, 동료들이 하나님의 뜻보다는 먹이 활동을 하느라 미꾸라지처럼 온 개울물을 흐려 놓는 일들 속에서, 더 깊고 많은 묵상을 하고 생각을 정리해 가는 은혜를 맛보는 것이다.

59 선교는 내가 나의 욕심이나 시기 질투 분노를 가지고 하나님께 드린 기도를 하나님께서 허락지 않는 것에 대하여 감사하는 것이고, 나의 욕심이나 시기 질투 분노로 기도한 것이 응답되었을 때는 그것이 올무가 되지 않을까 두려워하는 것이다.

년   월   일

60 선교는 선택의 갈림길에 설 때마다 자신의 종교적 열심과 감정으로 선택하거나 시작하지 않도록, 늘 하나님의 말씀을 듣고 보고 마음에 새겨 감으로 내 생각과 고집을 버리고 하나님의 뜻에 순종해 가는 것이다.

61 선교는 거룩한 나눔과 분배를 통해 성숙해지고 확장되어가는 것이다. 영적권위는 물론이거니와 money power와 position power를 함께 위임해 주는 거룩한 나눔으로 위임받는 자가 주인의식을 가지고 충성 할 수 있는 구조를 만들어 주어야 한다. (딤후2:1)

62 분열에는 여러 원인이 있다. 교리적 분열, 자신의 태생적 죄를 감추려는 분열, 교단이나 후원단체의 원격 조정에 의한 분열, 돈 욕심이나 열정을 이기지 못한 분열, 가족들 간의 갈등으로 인한 분열, 시기질투를 견디지 못한 분열 등. 이런 모든 분열은 스스로 자신의 발목을 붙잡는 일이다. 분열의 과정을 잘 극복하는 것이 정상적인 성숙에 이르는 길이다. (잠언18:1)

년   월   일

63 때로는 연합 운동조차도 분열을 조장한다. 그 연합 주체자들의 신앙관이 건강하지 않고 모임의 이념과 목표가 불분명하며 동원한 군중을 자신의 이름을 쓰임 받음이란 함수관계 속에 교묘히 감추어 해석할 때, 이러한 대중 집회 운동은 성실하게 주어진 지정석을 지키며 사역하는 자들과 그들의 사역에 혼란을 줄 수도 있다.

64 선교는 분열의 유혹을 이기는 것이다. 분열의 유혹은 교만과 욕심에서 비롯된다. 선배들이 이루어 놓은 일들이 작고 보잘 것 없어 보이고 때로는 아무것도 보이지 않는 것은 아직 내가 그 문화와 환경에 대한 이해가 부족하기 때문일 때가 많다. 그럴 때 한 박자 더 인내하며 나라면 그보다 더 잘할 수 있을 것 같다는 자만과 유혹을 이겨가는 것이다. (잠언18:1)

65 선교는 분열의 충동을 이기는 것이다. 분열의 충동은 상처와 세상의 가치기준에서 오는 경우가 많다. 상처 없는 성장은 없다. 내가 상

묵상

년   월   일

처를 받았다는 것은 이미 내가 누군가에게 상처를 주고 있다는 증거라 여기고, 상대를 용납하고 상처와 함께 느끼는 자신의 존재가치를 하나님 나라의 가치로 평가하며 분열의 충동을 이겨가는 것이다.

66 선교는 분열의 아픔을 이기는 것이다. 교만과 욕심에서 생겨난 오해를 적절하게 다스리지 못해 일단 행정적으로 나누어지게 되면 분열의 원인을 두고, 전혀 예상치 못한 집단 감정싸움으로 확대 될 수 있는데, 거기까지 이어지지 않도록 분열의 아픔을 자신의 책임으로 품고 다스려 가는 것이다.

67 선교는 분열의 상처를 이기는 것이다. 분열의 아픔을 내 실수로 인정하여 성숙의 기회로 삼지 않고, 자꾸 자신의 아픔과 억울함만을 호소하다보면, 한 공동체의 분열이 이웃 공동체에도 악영향을 미쳐 집단 분열로 이어질 수 있다. 이 생각지 못한 결과로 전염되지 않도록 분열의 꼬리를 내게서 잘라내는 것이다.

년　　　월　　　일

68 선교는 분열의 결과를 이기는 것이다. 분열의 현장을 겸허히 받아들이지 못하면 부끄러움과 수치심으로 더욱 위선적이고 폐쇄적인 인간관계로 정신과 육체의 질병으로 이어질 수 있다. 분열의 바이러스가 건강까지 전이되지 않도록 분열의 결과를 십자가의 부끄러움으로 이겨나가야 한다. (고전1:18)

69 선교는 분열의 후유증을 이기는 것이다. 분열 앞에서 십자가를 바라보며 회개하고 말씀의 위로를 받지 못하면 복잡하게 얽힌 인간관계 속에서 사람에 대한 불신으로 평생 혼자 일하거나, 상처를 주고받은 대상과 마주치기 싫어 사역지를 옮기거나, 아예 선교사역을 그만두겠다는 극단적 선택으로 이어지지 않도록 모두가 그의 선한 이웃이 되어야 한다.

70 선교는 남의 분열을 은근히 즐기며 조장하고 싶은 유혹을 이기는 것이다. 누군가 분열의 깊은 터널에 빠져 있을 때 적극적인 위로보다는

년   월   일

은혜라는 가면을 쓰고 양비론을 펼치며, 은근한 말로 더욱 분열을 부추기려는 우리 안에 있는 악의 유혹을 이겨가는 것이다.

71 선교는 분열을 통해 나의 모난 부분이 깎이고 다듬어지니 하나님의 마음을 좀 더 깊게 이해하게 되고, 전에는 이해되지 않았던 선배들의 삶과 교훈들도 이해되어지며, 새로운 사역과 동역의 폭이 넓혀지고 마음을 나눌 수 있는 성숙한 친구를 만나는 신비를 체험해 가는 것이다.

72 세상은 분명하고 확실하게 보장된 것이라며 사람들을 유혹하지만 **선교는** 불확실한 일과 미래를 하나님의 말씀을 따라 믿음으로 순종하며 살아가는 사람들의 평강과 승리의 이야기이다. (창12:1)

73 선교는 사람 다 잃어도 하나님 잃지 않은 것이고, 세상사람 다 적만들어도 하나님 적 만들면 안 되는 것이며, 아무도 함께 가지 않아도 하나님이 가라시면 가는 길이고, 묵상가운데 하나님이 나와 함께 계신

년   월   일

다는 느낌만으로도 감사하고 만족하며 사는 길이다. (고후 3:5, 마28:20, 빌4:11)

74 선교현장에서 보내는 세월, 믿음의 연륜은 우리를 하나님의 사람으로 다듬어가기도 하고 내 안의 바리새인의 모습으로 치장하기도 한다.

75 복음의 현장은 순수한 하나님의 말씀의 권위가 인간의 생각과 감정이 포함된 교리나 교회법보다 우선순위에 세워져야 하는 곳이다. 하나님의 말씀이 뜻하는 것보다 교리와 교회법을 우선시하여 영적 권위를 세워가려는 오류에 빠지지 않도록 조심해야 한다. (고후10:5)

76 선교사의 권위와 위엄은 헌신한 세월이나 자기의 노력으로 얻은 학위, 얼마나 큰 현장을 운영하고 있느냐에 있지 않고, 하나님이 맡기시고 인도 하신 지정석에서 얼마나 거룩하게 자기 성숙을 이루어 갔느

묵상

년   월   일

냐에 있다.

77 선교는 예수 그리스도의 십자가를 의지하는 모습 외에는 아무 쓸모없고 보잘 것도 없는 존재들이 하나로 모여, 서로 협력하여 하나님의 선한 모습을 이루어가는 현장이다.

78 선교는 '모든 것이 합력하여 선을 이룬다'(롬8:28)는 말로 하나님의 뜻이라고 위장하면서도, 어떡하든지 갈등과 분열의 이유를 만들어 하나 되는 것을 방해하고 한 몸 되는 것을 파괴하려고 하는, 교묘한 악의 접근을 파악해 지혜롭게 대처해 가야하는 것이다.

79 선교는 복음이라고 하는 어리석고 미련해 보이는 위치에서 하나님의 은혜를 묵상하는 시간을 만들어 가는 것이다. 우리가 하나님에 대해 이해하고 깨닫지 못한 것은 미련해서라기보다는 너무 똑똑해서이다. (고전1:18,21)

년   월   일

하나님의 동역자

최 재 호

(성현교회 담임목사)

1989년 10월로 기억된다. 태국 치앙라이 선교지에서 처음 후배 정 도연 선교사를 만났다. 그때의 만남이 인연이 되어 지금까지 30년 넘게 정 선교사의 선교 협력자로서의 관계를 이어오고 있다. 현재 우리 교회가 협력하고 있는 24 선교사 가정 가운데 가장 오래 된 선교사 가정이다. 정 선교사를 처음 만났을 때 초년 선교사였지만 그의 가슴엔 하나님을 향한 사랑과 하나님이 주신 불이 있었다. 그리고 그 사랑과 불을 간직하며 한결 같은 마음으로 30년 이상 선교사로서 외길을 달려왔다. 정 선교사는 누구보다 하나님을 사랑했고 하나님 앞에 신실했다. 하나님과 동행했고 하나님의 임재 앞에 살았다. 나아가 하나님께서 맡겨준 사람들을 사랑했고 사명 앞에 충성했으며, 그로인해 하나님께서 그에게 많은 선교의 열매들을 허락하셨다.

목회 현장이나 선교 현장은 치열한 영적전쟁터이다. 수많은 영적 공격과 위기들이 찾아온다. 정 선교사에게도 이런 영적 공격과 위기들이 없지 않았을 것이다. 그러나 오직 주만 바라보며 30년 외길을 뚜벅뚜벅 걸어왔다. 하나님에 대한 사랑과 하나님과의 동행이 없이는 걸어 올 수 없는 길이었다. 포기하고 싶고 주저앉고 싶은 순간들이 없지 않았을 것이다. 그러나 하나님의 손길이 정 선교사를 붙들었기에 여기까지 올 수 있었을 것이다. 성경은 말씀한다. '만군의 여호와께서 함께 계시니 다윗이 점점 강성하여 가니라'(대상11:9) 이 말씀은 다윗에 대한 이야기기도 하지만 정 선교사에 대한 말씀이기도 하다. 정 선교사의 사역지에는 하나님께서 그와 함께 했다는 증거들로 가득하다. 그 중 하나를 들라고 하면 정 선교사와 같은 비전을 소유한 예수 그리스도의 제자들 곧 많은 하나님의 사람들이 그를 통해 길러졌다는 것이다. 정 선교사의 사역 현장과 사역의 열매들은 후배 선교사들에게 믿고 따를 수 있는 선교의 모델이 될 것이다.

하나님께서 정 선교사에게 주신 은사 중 하나가 글을 쓰는 은사인데, 그 동안 하나님과 동행하며 경험했던 하나님의 역사들을 글로 남겼고 그것을 모아 책자로 발간하게 되었다. 이 책자를 통해 하나님의 일하심을 더 많은 사람들이 보게 될 것이다. 그로 인해 같은 길을 걷는 선교사들에게는 공감과 위로 도전이 될 것이고 후원자나 후원 교회에게는 그동안의 협력과 헌신이 결코 헛되지 않음을 확인해 보는 소중한 기회가 될 것이다. 모든 영광을 하나님께 돌린다. 그리고 지금까지 하나님과 함께 좁은 길을 묵묵히 걸어와 준 정 선교사님의 충성과 헌신에 격려의 박수를 보낸다.

- 30년 전 선교지를 가장 먼저 방문해 주시고
여전히 계속해서 후원해 주신 선배 목사님

참 아름다운 날

정 도 연

참 아름다운 날이었지
네가 이 땅에서 마지막 호흡하던 날은
유난히도 맑고 깨끗한 그 아침
빠마이 구름 정거장에 쉬어가던 구름들도
너의 마지막 가는 길을 지켜보는 느낌이었어
무슨 하고픈 말들이 그리도 많았는지
오늘밤만 조금 더 늦게 자면 안 되겠느냐고
애교스레 떼쓰던 너희들,

아니나 다를까 새벽예배엔 단체로
결석을 했지
그런데 홀연히 들어와 사뿐히 자리에 앉은 한 사람이 있었어
살며시 고개를 숙이고 "참 아름다워라 주님의 세계는"
그 찬양을 따라 부르던
그때 그 모습이 왜 그리도 아름다웠는지

너의 그 아픈 마지막 호흡이 있고서야 깨달을 수 있었지

그래 넌 알았겠지
생후 7개월 때 사선을 넘어서서 내쉰
네 호흡의 정해진 시간을 말이야
매 순간 초침과 함께 다가오는 그 날을

그런 너였기에
그렇게도 담대할 수 있었니?
아무도 깨어나지 않은 새벽을 깨우고
텅 빈 작업장에 홀로 앉아
마지막 호흡을 세며 자갈을 담았던 거니?

나 말이야
인공호흡이란 것 처음이었어
경황이 없어 다른 것은 기억이 나질 않는데
네 입술의 그 포근함이 두려움을 없애 주었어

너의 마지막 심장의 고동이 메아리치고
네 육체의 체온이 식어져갈 때
우리의 심장은 깨어났으며

가슴은 뜨거워지기 시작했어

모두가 하나였고
하나의 소원이었으며
한 마음으로 호소했었지
그리고
적어도 그 순간만은 진실했었고

언제 또다시
그런 찬송, 그런 기도를 드려볼 수 있을까

잠꼬대하면서
"조금만 더 있다 가면 안되요" 라고
떼를 썼다면서....
너의 아빠는 두려워하는 우리를 이렇게 위로해 주셨어
"여보, 히스기야는 겨우 15년이었는데
우리 상렬이는 20년을 연장해 주셨어"

너의 마지막 가는 모습을 보며
난 한 가지 다짐을 했단다
"이렇게 살아야겠다

마지막 호흡이 멈추는 순간까지

나에게 주어진 이웃을 사랑하며 섬기다

편안한 미소를 유언으로 가야겠다"

그러고 보니

네 헌신이 우리의 진정한 교실이었구나

(2001년 12월5일)

빨라교회 십자가

선교는 삶이다 II

80 선교는 사탄의 궤계를 간파하여 시험에 들지 않아야 하는 것이다. 어린아이 같은 자에겐 하나님의 말씀을 듣지도 보지도 못하게 하고 기도, 사랑, 섬김도 할 수 없도록 방해한다. 또한 하나님이 주신 은사와 지위를 받아 일하는 종들에겐 내가 더 크고 높다는 교만으로 서로 사랑으로 하나 되어 섬기지 못하도록 유혹한다.

81 악은 스스로 씨 뿌리거나 땀 흘려 가꾸지도 않으면서 소유하고 도둑질하려 한다. 신실한 일꾼들이 정성스레 일구어 놓은 추수 밭에 들어와 돕고 협력하겠다며 그럴듯하게 거짓말을 꾸며댄다. 그런 후에는 야금야금 열매들을 훔치고 상처내고 망가트리려는 무리들을 분별할 수 있는 은혜를 간구해야 하는 것이 선교다. (고전12:10)

82 한 영혼에게 직접 전도해 본 적도 없고, 한 사람의 변화를 위해 자신을 헌신한 적도 없고, 그 영혼을 3년 정도라도 양육해본 경험도 없는 사람이 있다. 그렇다고 재정적인 면에서 전혀 도움이 되는 것도 아니면

묵상

년   월   일

서 하나님께서 주신 은사라며 접근해 영향력을 행사하려는 자들의 접근을 조심해야 한다.

83 선교는 마음의 부담으로부터 자유하고 싶은 것이다. 세월이 흐르며 백지 같던 현장에 뭔가 그림이 그려지고, 곳곳에 세워진 책임자들이 나름 제 자리를 성실하게 지켜가는 모습에 잔잔한 감동이 드는 순간, 조용히 떠나고 싶은 마음 앞에서 고민하는 것이다. (고후4:7)

84 선교는 두려워하는 것이다. 나약한 나는 간단히 쉬운 핑계 하나 붙여 포기해 버리고 싶은 순간을 만나곤 하지만, 아직 깨달음의 은혜를 입지 못한 자 앞에 먼저 된 자로서, 거룩한 공포를 사명으로 느끼고 다시 추스르며 돌아서는 것이다. (고전2:3,고후4:8)

85 선교에 있어서 내가 할 수 있는 유일한 선택은 바로 포기하지 않는 것이다. 그분이 절대 그런 분이 아니시란 걸 알고 믿지만 왠지 주님

년   월   일

도 나를 포기해 버릴 것 같은 두려움 때문에 내가 서 있는 이 땅, 만나고 있는 이 사람들, 하고 있는 이 일들을 포기하지 못하는 것이 선교다. (고후4:9-10)

86 선교는 가끔 송창식과 세시봉, 김동욱의 '비상', 등려군의 노래를 들으면서, 지워버리고 싶지만 지워지지 않는 기억들을 잠시라도 밀어내고 위로받고 새 힘을 얻는 것이다. (고후4:11-12)

87 선교사1

선교사는 하고 있는 일이 크다거나 내 이야기에 환호하는 군중이 많을 때, 혹은 값지고 비싼 선물을 받을 때보다, 작더라도 따뜻하고 정성어린 물질적 후원을 통해서 위로 받고 새 힘을 얻는다. 진실한 말 한 마디, 마음이 담긴 물 한 컵에 감동하는 존재들이다.

88 선교의 본질적인 목표와 방법, 대다수 선교사의 모습보다는 종종

묵상

년   월   일

한 선교사의 이기적인 생각과 행동 때문에 모든 동역자가 그 지역사회의 비웃음과 조롱거리로 전락하기도 한다.

89 선교는 모든 생각의 방향이 감사와 기쁨으로 향해 있어야 하는 것이다. 그렇지 않으면 언제든지 시기와 질투, 비교와 경쟁, 원망과 분노의 공격으로 소모적인 갈등을 겪어야 하고, 그걸 십자가의 은혜로 제압하지 못하면 분열로까지 이어질 수 있다.

90 선교사의 집은 나룻배와 같은 것이다. 예고 없이 만나 기약 없이 보내야 하고, 오는 사람 막지 못하고 가는 사람 붙잡을 수 없는 곳, 주는 사랑 거절 할 수 없고 남긴 그리움 버릴 수 없고, 기억해야 할 사람은 많고 기억해 주는 사람은 적은 곳이다.

91 선교, 진짜 웃기는 것이다. 말도 안 되는 존재가 거룩의 옷을 입고 거룩한체 하고 제 한목숨 연명하기에도 부족한 노력과 열성으로 땅 끝

년   월   일

까지 가겠다고 하고 제 가족하나 통솔하기에도 버거운 능력으로 한 국가를 달라고 하는 코미디가 난무하고 있으니 신비로운 것이다.

92 선교는 피난처다. 개척교회 하다가 힘들어, 목회하다 사고치고, 직장도 못 구해, 있는 일터가 불안정해서, 하던 사업 내가 실수해 망해 놓고, 유학가고 싶어서, 선교사 자녀들 국제학교 보내는 것 보고, 막연한 동경 등의 이유로 왔을지라도 쓰임 받고 있으니 피난처이다. (민 35:11)

93 선교는 창조주 하나님의 분노, 독생자 예수님의 피, 성령님의 탄식, 선지자의 외침, 제사장의 화목제, 왕의 기도, 의인의 절규, 사명자의 눈물이 거칠은 원석들을 다듬어가는 보석 공장이다.

94-1 아웅산 수지 여사의 삶을 그린 영화 'The Lady'를 소명자의 시각으로 보고 이해 할 수 있어야 하는 것이다. 소명이란, 내가 선택해 가

묵상

년   월   일

는 것이 아니고 갈 수 밖에 없는 환경에 순종해서 갔던 그 곳에서, 한 번도 생각해보지 않았지만, 나를 필요로 하는 일을 만나는 것이기 때문이다.

94-2 그 일과 그 일을 위해 마련된 지정석을 지킬 수 없게 하는 '두 가지 유혹'을 이겨가는 것이다. 노벨 평화상이란 영광스러운 초청과 사랑하는 남편의 위독한 상황이란 거절하기 어려운 유혹이 있었지만, 초라한 지정석에서 홀로 그 영광을 노래하고 남편을 돌봐주어야 하지 않느냐는, 독재자의 위협을 가슴 녹아내리는 그리움과 미안함으로 삼켜가는 모습에 소명자의 자세가 그려져 있다.

94-3 그렇게 애써 지정석을 지킨 결과이지만 영광의 면류관이 아닌 여전히 매이고 갇힌 상태의 초췌한 모습일 뿐이다. **선교는** 그럼에도 독재자의 살기등등한 총구 앞에서 마지막 용기를 내보는 것이다. 그가 그토록 사랑했던 백성들 앞에 꽃 한 송이 날려 보내고 그가 가는 길은

묵상

년   월   일

미완성 교향곡으로 남겨두는 것이다.

95 선교는 나의 삶의 열매가 예수 그리스도를 함께 주로 고백하며 사는 형제자매들의 풍성한 자랑거리가 되게 하는 것이다. (고후1:14,고전9:1)

96 선교는 심령이 가난한 자의 천국, 애통하는 자의 위로, 온유한 자의 기업, 의에 주리고 목마른 자의 배부름, 긍휼이 여기는 자가 받는 긍휼, 마음이 청결한 자가 보는 하나님, 화평케 하는 자가 하나님의 아들 됨으로 인해, 박해 받는 자가 얻은 천국으로 기뻐하고 즐거워하는 것이다. (마5:3-10)

97 선교는 의로운 재판장이신 하나님께서 자기를 거스르는 자에게 보복하시며 자기를 대적하는 자에게 진노하시는 현장이지만,(나1:2) 그 진노하심이 결코 죄인들을 포기하는 것이 아니고 오히려 소중하게 여기신다는 사랑의 고백이고 증거라는 것을 깨닫는 곳이다.

년   월   일

98 선교는 언제 어디서나 '거룩한 습관'으로 사는 것이다. 거룩한 습관은 하나님의 뜻에 순종하는 것이고 하나님의 뜻은 위대하고 고상한 일이나 수많은 군중이 아닌 지금 내 앞에 있는 보잘 것 없는 몇 무리와 함께 작은 일에 충성하는 것이다. (딤전4:7,고전4:1-2)

99 선교는 내가 직접 복음 들고 가서 한 달이든 일 년이든 십년이든 또는, 평생토록 예수 그리스도의 십자가의 이야기를 나누는 것이며, 내가 직접 가지 못하면 그렇게 결단하고 떠나는 자들을 인정해 주고 기도해 주며 물질로 그들과 함께 동역하는 것이다. (마28:19-20,빌4:14,18-19)

100 선교의 목표는 하나님 나라이기에 선해야 하고, 그 과정은 하나님의 영광을 드러내는 찬송이기에 아름다워야 하는 것이다.

(마 28:18-20, 고전 10:31)

년   월   일

메콩강 공동체 이념과 선교 철학

나는 지난 20년이 되던 해 4번째 공동체가 분열되는 아픔을 통해 세 가지 공동체 이념, 선교 철학을 세울 수 있었다.

조연자 공동체 (Supporter's Community)
우리가 하는 모든 사역의 주인공은 예수 그리스도 한 분이시고 우리는 모두 조연자다.

블루오션 공동체 (Blue Ocean Community)
우리는 남이 가지 않는 곳에 가고 남이 하지 않은 일에 도전한다.

고용창출 공동체 (Employment Community)
우리는 강한 주인의식을 가지고 영적 육체적으로 땀 흘려 일할 수 있는 일들을 개발하고 만들어 신실하게 그 현장을 지켜 간다.

선교사 답게

정도연의 글은 인간이 왜 사유해야 하는가를 보여준다. 우리는 일반
적으로 선교사를 '도전자' 혹은 '개척자'로 호칭한다. 특히 우리에게는
짧은 선교 역사 때문에 선교사가 바라볼 롤모델(Role model)이 부족하
다. 단지 교과서에 배운 선교사의 역할론과 개인적 신앙과 열정에 의지
하기 때문에 개척자라는 호칭은 더욱 설득력이 있다. 선교사들은 현장
에서 일어나는 모든 상황 앞에 스스로 길을 찾아야 한다. 매 순간 상황
을 타개하기 위해 주어진 목적에 맞는 '사유'를 통해 '의식'의 길을 내야
한다.

나는 정도연을 고교 시절 교실에서 처음 만났다. 동문수학하며 지켜
본 그는 음악과 문학을 좋아하는 '꿈의 소년'이었다. 지독히 사람들을
좋아하여 교회 아이들을 신혼 방 가득 불러 모으기 일쑤더니, 골든트
라이앵글이라 불리는 태국 북부 매짠이라는 작은 마을로 들어가 이윽
고 산족 아이들의 아버지가 되었다. 그는 낯선 곳에서 산을 넘고 강을

선교는 삶이다 II 61

건너며 무슨 생각을 했을까? 그에게 찾아온 사역의 장애와 그 깊은 고독을 무엇으로 극복하며 두려움을 이겨냈을까? 설마 그는 30년을 그곳에서 살게 되리란 상상이나 했을까?

기자 시절, 취재차 산족 마을을 방문했을 때 그는 잇몸이 무너져 이가 다 흔들리고 어금니가 빠져나간 환자였다. 석회질이 많은 물을 그냥 마셨기 때문이다. 이후에는 심장에 문제가 오더니, 발가락에 통풍까지 얻었다. 그는 서 있기도 불편한 몸에도 소년 같은 빛나는 눈빛으로 산족 아이들을 바라보았다.

정도연이 SNS를 통해 동역자들에게 보낸 이 짧은 글들은 스스로 "**선교는** 이런 것이다"라고 증명하고 싶었는지 모르겠다. 그의 깊은 사색은 잠언 같다. 그는 이렇게 일갈한다.

"선교란 때로는 모든 것을 멈추고 아무것도 하지 않은 채 조용히 이 세대와 진행되어가는 일들을 바라보며 하나님을 묵상하는 것이다."(선교란 56)

"우리가 하나님에 대해 이해하고 깨닫지 못한 것은 미련해서라기보다는 너무 똑똑해서이다."(선교란 79)

그는 한국교회에서 들려오는 교회들의 분쟁과 이에 대처하는 비목회적 대응과 흔들리는 교인들, 그리고 선교지에서 일어나는 복음적이지 못한 상황을 힘들어 했다. 이것은 하나님에 대한 사랑과 복음에 목숨을 건 열정을 뿌리부터 뒤흔들고 있기 때문이다. 그래서 아마도 그는 이러한 상황을 보면서, "나라도 선교사답게 살다 가겠다"는 결심을 굳혔는지도 모르겠다. 그리고 그의 후원자들에게 '목회자답게', '성도답게' 살아내자 외치고 있는 것이다.

글은 과거의 경험을 현재로 가져와 문자에 담아낸 기록이자, 미래에 대한 계획이며, 스스로 굴레를 쓰는 약속이다. 이런 생각이 그의 마음을 다그쳐 글을 쓰게 했을 것이다. 그러기에 이 글들은 선교사라는 이름의 정도연의 바람이자 고백이다. 그래서 규격에 맞는 모범답안으로가 아니라, 티끌 속에서 찾아낸 바늘처럼 우리네 가슴을 후빈다.

나는 그의 글은 몇 년째 받아보며 '그곳 사람들'에게로 달려가는 그를 본다. 동시에 몇 줄에 불어넣는 모국어가 그의 '살아있음'을 전하는 모스부호 같다고 생각했다. 막막한 상황에서 하늘을 향하여 기도하듯, 동지들과 후원자들에게 보내는 SOS 같은, 그리하여 자신이 가고 있는 길의 옳음을 확인하면서, 다시 산족에게 달려갈 힘을 얻었을 것이다.

정도연의 이 글 묶음이 선교사들을 비롯한 후원자들, 그리고 '사유 없음'으로 척박해진 한국교회가 깊은 사유로 길을 내가는 데 도움이 되었으면 좋겠다.

- 고등학교 때부터 지금까지 친구이자 동역자

글을 나눈다는 것

글을 나눈다는 것은
서투른 생각과 거친 철학을 다듬어내는 것이다

쫄쫄 흐르는 샘으로는 나 하나의 목마름도 해결이 어려워
난 이슬까지 모아야 하루를 살 수 있다

벌 나비가 꿀을 찾기 전,
부지런한 일꾼들이 무심코 짓밟고 지나가기 전,
안개 속에 몸을 숨긴 채 새벽을 깨우는
영롱한 이슬방울을 거두어 저장해야
새로운 하루를 지탱할 힘을 얻는다

내게 매일 이슬을 모아준 고마운 풀잎들이 있다
행여 굴러 떨어질까 굽어진 허리 한 번 펴지 못한 채
이슬을 지고 새벽을 기다리는 풀잎들이 있다

샘물과 이슬을 모아 종이배에 담아
시내에 띄우는 것은
내 맘 바닥 채울 자갈을 구하기 위해서다

선교는 삶이다 Ⅲ

101 의도적으로 목표한 것이 아니었지만 지금 나와 함께 있는 사람과 지금 내 앞에 있는 일을 하나님께서 내게 맡기신 일로 여기고, 그 영혼과 명령하신 일에 사랑으로 섬기고 충성하다 보니 어느 날 100이라는 목표에 도달해 있었다. **선교는** 그 100의 고지에서 주어진 또 다른 해야 할 일과 사람을 만나는 것이다. (빌3:12-14)

102 선교는 내 앞에 놓인 하나를 열심히 섬기고 충성한 결과는 또 다른 일을 만나는 것이다. 또 다른 사랑해야할 사람을 만나고 해야 할 일이 주어질 때, 그 사람을 꼭 내가 섬기고 사랑해야 하는지 혹, 그 일을 꼭 내가 해야 할 일인가를 두고 고독한 내적 갈등을 겪는 것이다. (엡4:13,15-16)

103 선교는 내가 섬기고 충성할 기회를 달라고 하나님께 기도하며 기다리는 것이 아니다. 지금 나와 함께 있는 사람과 지금 내 앞에 있는 일들이 하나님께서 내게 맡기신 영혼이요, 명령하신 일로 여기고 그 영

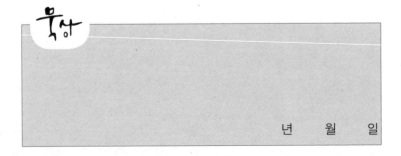

년   월   일

혼을 사랑하고 그 일에 충성하는 것이다. (계2:10)

104 선교는 영혼의 집을 먼저 세운 후에 육체가 거할 처소를 짓는 것이다. 영혼이 없고 그 곳에 거할 영혼들이 스스로 자원하여 흘린 땀이 없이 세워진 건물을 하나님의 성전이라 말하고, 세워가는 것을 자랑하는 한국교회는 부끄러워 할 줄 알아야 한다. (고전3:16)

105 선교는 자기 욕심, 자기 열정, 자기 고집이란 무서운 적을 이겨내야 하는 것이다. 아무리 많이 기도하고 정성스레 가르치며 자기를 희생한 삶이라 할지라도 그것들이 예수 그리스도의 십자가의 은혜에 힘입는 것이 아니면 자기 영광을 추구하는 것에 불과하다.

106 선교는 세상 사람 다 적 만들어도 하나님과는 적 만들면 안 되는 것이고 모든 걸 다 잃고, 버려도 하나님의 말씀을 잊어버리고 버리면 불가능한 것이다.

년   월   일

107 선교는 하나님이 세우신 가정을 가장 거룩하고 아름다운 하나님 나라의 한 개체로 세워가는 것이다.

108 선교사는 개인 사정에 따라 사는 삶이 아니라, 복음을 따라 자기의 편리함과 필요를 희생하며 살기를 선택하고 배우고 익혀가는 삶이다.

109 많은 시간이 흘러야 선교가 수 많은 후원자들의 기도에 의해 이루어졌다는 것을 깨닫게 되고, 그 선교가 지속되고 견고해 지는 것 또한 꿇는 무릎에 의해 가능해 진다는 것을 이해하고 알게 되는 것이다.

110 선교사들 위로 한다고 비행기표 주면서 지정석에서 불러내 모이기 쉬운 나라 호텔에 모아놓고 그 핑계로 자기들도 여행하고, 자기 교회 홍보 하는 짓 하지 않아도, 잠시 쉴 곳을 찾아온 선교사에게 아무리 바빠도 따뜻한 말 한 마디, 물 한 컵 주는 것이 더 큰 위로이다.

묵상

년   월   일

111 선교는 전능하신 하나님의 뜻을 죄로 제한된 지식과 경험으로 이해하고 순종해 가야하는 것이어서, 새로운 일과 상황을 접할 때마다 늘 불안하고 두려움이 앞서는 것이다. (빌2:12)

112 하나님의 뜻을 듣고 즉각 순종이 행동화 되지 않으면 그 때부터는 순종 할 수 없는 상황과 이유들만 보이게 된다. 그러므로 한 소명자로 하여금 하나님께 부름 받는 곳으로 가지 못하게 하는 환경이나 그 환경에 따르는 것은 악의 유혹이다.

113 선교는 오해를 받을수록 홀로 주님과 만나는 시간을 많이 가져야 하는 것이다. 하지만 악은 오해를 받는다고 생각되면 집단행동을 충동질하여 개인의 문제를 공동체의 갈등으로 확대시켜 가려고 하는데 그것을 조심해야 한다. (시73:28)

114 순종은 행동으로 실천할 때 이해되고 분명해지며, 꾸었던 꿈이

년   월   일

보인다. 이해되지 않고 확신이 없는 것은 실천하지 않고 행동하지 않아서다.

115 **선교는** 좀처럼 극복되지 않아 주저 앉아 버리고 싶은 위기의 순간에 있는 사람들을 하나님의 말씀으로 설득해 그곳에서도 함께 하시는 하나님을 만나, 그 고비를 극복하게 하는 삶의 촉매가 되는 것이다. (딤후 2:9)

116 개인의 열정과 감정으로 한 지역에 동일한 사역을 사전 협의도 없이 시작해 거룩한 질서를 파괴하고, 갈등을 조장하는 행위를 서슴없이 해 놓고도 하나님의 뜻이라고 말하는 어리석은 사람들을 어렵지 않게 만나는 곳이 선교현장이다.

117 선교현장은 부름 받은 자가 편하게 맡겨진 일에 집중 할 수 있는 환경이 주어지지 않은 곳이다. **선교는** 하나님의 일에 집중하지 못

묵상

년   월   일

하도록 방해하는 일과 사건들이 끝없이 이어질지라도 그 환경을 이기고 하나님의 선을 찾고 행동하는 것이다.

118 하나님께서 선교사에게는 돈이나 세상의 권력대신 말씀을 주시고 그 말씀에 순종하는 행동으로 가나안을 정복하고 다스리게 하셨다.

119 이 세상 누구든지 그 거룩하고 신실하신 하나님의 말씀을 믿고 순종만 하면 '절대 망하지 않는다'는 삶을 보여주고 설명해 주는 것이 선교사의 삶이다. (딤후3:16-17)

120 선교사 역시 어쩔 수 없는 죄인이어서 끊지 못한 죄로 인해 망하고 실패하고 버림받을 수 있지만, 그 선교사를 통해 전하여 깨닫게 하고자 한 하나님의 뜻, 즉 하나님의 사랑은 결코 실패하지 않는 것이다. (딤후4:5)

년   월   일

121 선교는 세상의 성공, 돈, 가정, 자녀교육, 건강, 공부 등이 중요하지만 그것들이 열악한 환경일지라도 결코, 하나님 섬기는 특권을 포기하지 않고 신실함으로 충성할 때, 하나님은 절대 그 충성을 잊지 않으신다고 믿는 것이다.

122 선교사는 보편적 실력이 부족하고 특별한 은사가 없을지라도 복음 안에서 겸손하기만 하면 사람들의 마음을 사고 선한 영향력을 끼치며 살아갈 수 있는 존재이다. (빌 2:3,5)

123 선교는 남녀노소, 배움의 정도, 지식과 경험의 유무에 상관없이 하나님 나라의 조연자가 되고자 하는 자는 누구나 다 쓰임 받을 수 있는 것이다.

124 선교는 앞으로 어떻게 하겠다고 미래형으로 말하지 않는다. 이렇게 했다고 완료형으로 증거 하는 것이다. 왜냐하면 무엇을 어떻게 해

년   월   일

야 하는지에 대해서는 이미 성경에 말씀해 주셨기 때문이다.

125 선교는 상처를 받아야 하는 것이다. 상처를 받으면 먼저 내 안에 다듬어지지 않는 모난 부분과 가시를 보게 되고, 그것들로 인해 상처 받으며 아파하는 영혼들을 만나 성숙에 이르는 길을 걷는 것이다.

126 선교는 상처를 준 그에게 가지고 있는 기대를 포기하면, 그가 나에게 가장 적합한 동역자라는 사실을 경험으로 깨닫는 것이다.

127 선교는 아물지 않은 상처를 덧내고야 마는, 끝없이 이어지는 자극과 도전을 지혜롭게 대처하고 피하면서. 마음과 영혼의 상처를 치료해 가는 과정 속에 깊은 영적 고독과 함께 영적 성숙을 체험해 가는 것이다.

128 선교는 어느 날 그 상처들이 주는 결과와 교훈에 감사하게 되

년   월   일

고 거룩한 하나님의 백성이 받아야할 상처의 필연성을 깨달아가는 것이다. (삼하7:14)

129 선교는 사랑하고 섬기고 보살펴 주어야 할 대상에게 바라고 기대하는 보상의 마음을 버리지 못한 이상, 상처는 절대 감사가 될 수 없을 뿐 아니라 상처를 주고 받음의 고리 또한 끊어지지 않는 치열하고 비참한 전쟁의 현장이다.

130 선교는 그토록 사랑했던 사람이 어느 날 갑자기 무서워지기 시작하는 것을 선으로 이겨내 다시 사랑하고 연민한 사람으로 대해 가야 하는 것이다. (요1 4:18)

131 세상 사람들은 문명의 편리함에 세상적인 힘이 더해져 있는 것을 좋은 것이라고 추종하지만, **선교는** 다소 불편하고 약해보일지라도 진리를 따라 살아가는 자의 평안함을 나누는 것이다.

년   월   일

132 내가 무엇이 되고자 하는 정치적 목적을 위해 세우고 확장해 가는 것을 '조직', '단체'라 한다면, 하나님의 기쁘신 뜻을 따라 동일한 믿음의 고백 위에 하나님 나라의 영광을 위해, 개인의 편리함을 포기하고 모인 무리를 '팀' 또는 '공동체'라 불러 구분하여야 한다.

133 세상에서처럼 내가 무엇이 되고자 하는 정치적 목적을 위해 세우고 확장해 가는 단체에는 왕따에 대한 두려움이 있지만, 예수 그리스도를 주로 고백하는 새 생명들이 모이는 팀과 공동체에는 자유함과 내적 성숙으로부터 오는 평안이 있다. (롬14:17)

134 선교는 하나를 선택하고 다른 것들을 포기하고 버려야 할 상황을 접할 때면 머뭇거리지 않고 생명, 영혼, 복음의 진리가 먹고 마시고 입는 것, 세상의 명예나 자존심보다 우선 할 줄 아는 '믿음의 정체성'을 가지고 있어야 하는 것이다.

년   월   일

135 선교는 나는 태국 땅을 복음으로 변화시켜 큰 일을 이루어 달라고 기도하지만, 하나님은 그 복음으로 내안에서 나를 변화시키는 큰 일을 이루어 가시는 분이심을 깨닫는 것이다. (롬12:2)

136 복음을 처음 접하는 현지인은 선교사가 하는 말이나 가르침으로 십자가의 진리를 이해하고 판단하기도 하지만, 우리가 하는 행동을 보고도 십자가의 가르침을 깨닫고 받아 들인다는 것을 알고 먼저 실천하는 삶을 살아야 하는 것이 **선교다.** (약2:17,26)

137 선교는 내가 내는 열심이나 기도에 대해 현지인들이 그다지 관심이나 반응을 보이지 않을 때에 심한 내적 갈등을 겪을지라도, 나를 불러 이곳으로 보내신 이가 처리해 주실 것을 믿어 평안을 찾고, 인내해 가는 것이다.

138 하나님이 주신 영적 권위는 많은 영역을 책임지도록 둘 수도 있

년   월   일

지만, 예수님께서 요구하시는 겸손은 그 중에 한 부분, 꼭 내가 해야 할 일만을 '선택'해 '집중' 하는 것이다. (롬12:3)

139 조연자 1

선교는 조연자로 사는 것이다. 조연자는 문제를 가슴에 품고 살아가는 사람이다. 부패한 인간들의 지·정·의가 살아있는 모든 복음의 현장은 절대 완전할 수 없다. 그래서 문제점을 보고 느끼고 깨닫는 자가 먼저 약함을 품고 살아가는 것이다.

140 조연자 2

남이 하지 않는 일, 가지 않은 곳, 아무리 일해도 잘 드러나지 않는 일과 환경에서 자기를 희생하며 섬기고 사랑하는 자이다. (고전9:23)

141 조연자 3

나의 장점이 있지만 어쩔 수 없는 자신의 단점을 인정하고 그 약함이

년   월   일

상대의 강함으로 채워지고 나의 장점이 상대의 연약함에 채워져 쓰임 받는 것을 기뻐하는 자이다. (고전9:22)

142 조연자 4

내가 책임지고 해야 할 일을 충성되게 하지 못했을 때 여러 동역자들의 수고와 노력으로 얻어진 결과를 가로채지 않으며, 부끄럽더라도 나는 게으른 종이라고 고백할 수 있는 자이다.

143 조연자 5

주연자가 받아야 할 영광을 부러워하거나 바라지 않을 뿐 아니라, 그런 자리에 섰을 경우 더욱 조심하여 자신의 약함을 이야기 하고 주연자이신 예수 그리스도만 드러나도록 하는 자이다. (빌1:20)

144 조연자 6

내 능력이나 노력으로는 결코 오늘의 이 삶의 환경에 이를 수 없다는

년   월   일

사실을 진정 마음으로부터 인정하고, 주어진 환경과 일에 감사하는 자이다.

145 조연자 7
나를 통해 모금되어진 물질적 후원이나 인적자원들은 나 혼자만 사용하고 소유하는 것이 아니라는 것을 알고, 또 다른 필요한 자들에게 나누어주고 공개하여 공유할 줄 아는 자이다. (엡2:44-45)

146 조연자 8
지금 내가 섬기고 사랑하는 그 영혼들이 있기에 나와 내 가족도 먹고 마시고 입고 살아가는 은혜를 함께 입게 되었다고 감사하는 자이다.

년   월   일

엘리야 선지자 처럼

(미국뉴저지 엘림장로교회 담임목사)

　지난 30년 동안 선교현장에서 몸부림을 치면서 순간순간 스쳐지나
가는 모든 일들을 글로 정리 하였던 것을, 묵상부분과 함께 책으로 편
집하는 수고의 열매를 함께 누린다는 것이, 같은 시대를 살아가고 있
는 저를 포함하여 모든 사람들에게 신선한 메시지가 될 것이라고 생각
합니다.

　우리가 살고 있는 이 시대는 극단적인 이기주의와 편견이 성난 바다
물결처럼 넘실거리면서 많은 교회와 성도들을 집어 삼키고 있습니다.
상대방을 배려하는 이해와 기다림의 존중이 사라지면서 그 자리에 많
은 다툼들이 자리하고 있음을 보면서 답답하였는데, 400개가 넘는 짤
막한 글들 속에서 시원하게 강수처럼 흐르는 깊이 있는 내용들을 먼저
묵상하는 특별한 기회를 감사하였습니다.

　"아무 일에든지 다툼이나 허영으로 하지 말고 오직 겸손한 마음으로

각각 자기보다 남을 낮게 여기고 각각 자기 일을 돌아볼 뿐더러 또한 각각 다른 사람들의 일을 돌아보아 나의 기쁨을 충만케 하라"(빌2:3-4)는 말씀을 강해하면서 때마침 선교현장에서 실제적으로 일어났던 짧막한 글들을 전해 맞으면서 큰 은혜를 누릴 수 있었습니다.

선교란 주제의 수 백 개의 글들을 대하는 모든 사람들이 그때 그 현장에 서 있었던 나의 모습들을 보면서 또 한 번 반성하고, 앞으로의 새로운 방향을 정하고 목적들을 만드는 중요한 교재가 될 것이라고 믿습니다.

한 선교사가 선교현장에서 예수의 마음을 가지고 고민하면서 몸부림쳤던 중요한 글들이 한 사람으로만 끝나지 않고, 강력하면서도 건강한 영적인 모습들이 계속해서 더 많은 사람들에게 전염되어지기를 소망합니다. 그리고 새로운 선교의 때가 다가오는 영적인 바람이 일어나는 것이 엘리야선지자 처럼 "갈멜산에서 일곱 번 기도 후에 들려지는 사람의 손 만한 작은 구름이 일어나나이다"와 같은 작은 구름들이 메콩강 공동체와 태국 그리고 한국을 통하여 바다 건너 영적인 침체기에서 헤어 나오지 못하는 미국까지 들려질 줄로 믿습니다.

- 신학교 선배이자 동역자

구원열차

또 한 명의 동포가 구원 열차에 올랐습니다.

5년여 동안 도망자가 되어 헤매던 거대한 대륙을 추억 속에 묻어두고

메콩강이라는 또 다른 사선을 넘어 찾아온 자유와

빵이 그리운 내 동족이

마지막 아주 심하게 단속하는 검문소를 앞두고 손을 모았지요.

"하나님, 진정 당신의 손길이 필요한 형제입니다.

경찰의 눈을 멀게 하시어, 이가 그토록 그리워하는 자유를 보게 하소서."

앞 뒤, 그리고 바로 옆에 앉아있던 사람의 가방까지 샅샅이 뒤졌으나

이 형제는 무사했습니다.

"목사님

정말 하나님이 계시네요.

경찰이 눈이 멀어 버렸어요."

마지막 대사관이 있는 곳을 향해 가는 기차에 앉아

긴 한숨으로 지난 38년의 설움과 한을 토해내는 그에게

육체적 자유가 아닌 영혼의 자유가 있기를 바라봅니다.

2000년 어느 날 한 탈북자를 보내며

147 조연자 9

어떤 경우에도 이웃의 아내나 그의 남종이나 여종이나 그의 소나 나귀나 무릇 이웃의 소유를 탐내지 않고, 더디고 어렵더라도 자기 영역을 개척해 가는 자이다. (출20:17)

148 조연자 10

나에게 필요한 곳이 아닌 나를 필요로 하는 곳을 선택하는 자이며, 나를 필요로 하는 곳의 요구를 개인적인 이유 때문에 거절하지 않는 자이다.

149 조연자 11

과거나 미래에 얽매이지 않고 현재 나에게 주어진 일과 영혼에 최선을 다하는 자이다. (빌3:14)

150 조연자 12

현재 내가 하고 있는 일의 가치를 결코 세상의 가치로 평가하지 않고,

묵상

년   월   일

하나님 나라의 가치로 바라보며 그 하는 일의 과정은 즐기고 그 결과
는 공유하는 자이다. (롬12:2)

151 단기선교1
예수를 주로 고백하는 성도들의 모든 국내외 여행은 선교의 관점과 선
교사의 입장에서 보고 체험하고 즐기고 느끼고, 생각하고 나누고 정리
하는 기회로 삼아야 한다는 생각에서 성도의 모든 여행은 단기선교 여
행이어야 한다.

152 단기선교2
단일민족, 단일문화, 단일어라는 것을 우월감과 자랑으로 여기며 살아
온 우리 민족은, 단기선교 여행을 통해 견문을 넓히고 우리와 다른 문
화를 체험하고 이해하고 배려하면서 '배운다'는 차원과, 한국교회의 세
계화를 위해 적극 권장해야 할 사항이다.

년   월   일

153 단기선교3

선교사는 선교현장으로 시집 온 '누이'고 단기 선교 방문 팀은 '친정식
구'며 선교현장은 '시댁'이라는 관점에서 보면, 단기선교방문 팀이 어떤
자세로 선교여행에 임해야 하고, 단기선교 여행팀을 안내하는 선교사
의 입장이 어떠할지도 이해 할 수 있을 것이다.

154 단기선교4

단기선교 여행에 임하는 성도들은 무엇을 하겠다는 열정보다 겸손하게
넓은 세계를 보고 배우겠다는 자세로 임해야 하며, 이들을 인도하는 선
교사도 자기 사역만 보여주는 것에 그치지 말고, 가능한 다양하고 많
은 것을 보고 듣고 체험할 수 있도록 안내해야 한다.

155 단기선교5

단기선교여행팀을 맞아 현장을 안내하는 선교사는 자신이 하는 일에
더욱 관심을 가지고 기도와 사랑의 헌신이 있도록 계획하고 인도해야

년   월   일

하겠지만, 일반 여행사의 가이드보다 더 탁월한 전문적 지식으로 다양한 현지 문화와 역사를 설명하고 대답할 수 있도록 준비해야 한다.

156 단기선교6
여행객은 객이지 주인이 아닌 것처럼, 단기선교 팀은 절대 현장의 주인이 아니다. 어디까지나 현장으로 시집 온 누이가 주인의식을 가지고 하고자 하는 일을 잘 해 나가도록 돕는 자의 역할임을 알고 다소의 불편을 감수해야 한다.

157 단기선교7
모든 여행이 즐거운 것은 그 여행의 과정과 결과에 대해 자유롭기 때문이다. 하지만 성도들의 여행은 내가 떠난 후에 그 땅에 남아 살아가는 선교사는 물론이고, 한국 사람에게도 부담과 피해가 되는 결과를 남겨서는 안 되는 의무가 있는 것이기에 그 과정이 부담스러운 것이다.

묵상

년   월   일

158 단기선교8

영적으로 은혜 받고 삶의 도전을 받기 위해 많은 물질과 시간을 들일뿐 아니라, 기도로 준비하고 다짐하고 온 단기선교 팀이다. 그럼으로 현장 선교사의 사소한 멘트에도 감동 받고 믿는다는 순수함을 이용하여, 선교사가 불필요한 헌금을 유도하는 언행은 삼가 해야 한다.

159 단기선교9

단기선교팀이 믿음 안에서 한 가족이 된 현지인들을 대할 때 기쁨의 감정을 절제하지 못하고, 담당 선교사 모르게 돈이나 물질을 현지인에게 주는 것은 선교지의 질서를 파괴하는 행위이다. 그뿐 아니라 그 영혼을 병들게 할 수도 있다는 사실을 알고 절제해 주어야 한다. 모든 기부는 담당 선교사를 통해서 할 때 성숙한 의미를 나눌 수 있다.

160 단기선교10

나누고 싶어 애써 준비한 것은, 남겨지거나 받아들여지지 않고 나의 의

년   월   일

도와 관계없이, 나의 습관 속에 묻어있던 문명의 이기만 현장에 남기고 올 수도 있다는 두려움을 가져야 한다. 따라서 더욱 자신의 행동을 조심해야 하는 것을 자신의 새로운 출발의 계기로 삼아야 한다.

161 단기선교11
선교사는 현지 정치, 경제, 역사, 문화에 대해 객관성 있는 자료를 준비해 설명해야 한다. 특별히 현지 선교역사와 현재 상황에 대해 자기에게 유리한 부분만 말하려고 진실을 숨기지 말고 최대한 정확하고 진취적으로 설명하도록 한다. 그리하여 단기선교 팀들이 편향되지 않게 선교 현장을 이해하고 기도 하도록 도와야 한다.

162 단기선교12
단기선교팀은 자신이 은혜 받은 신앙 스타일이 있을지라도 선교 현장의 영적 분위기와 질서를 존중하고 그에 순종해주는 겸손함이 있어야 한다. 지나친 열정은 오히려 부족함만 못하여 무례함으로 비춰질 수 있다.

묵상

년   월   일

163 단기선교13

선교현장에 오면 누구나 현지인들을 가르치려고만 하는데 한국 교회는 기독교인 인구 25%를 가정했을 때 25명이 75명과 영적 싸움을 하는 자들이고, 태국의 경우 1%의 기독교인이니 1명이 99명과 지치지 않고 대결하고 있는 영적 전사라는 것을 인정하고 겸손히 배워야한다.

164 단기선교14

단기선교팀은 저렴한 경비로 너무 많은 체험과 경험을 기대하지 말아야 하며, 현장을 소개하는 선교사도 사서 고생하는 식으로 지나치게 서민적인 분위기의 숙박시설과 음식, 차량 등으로 인도하지 않아야 한다.

165 단기선교15

단기 팀은 사용한 경비에 대해서는 정확히 계산하고, 선교사의 수고에 대해서도 은혜로 넘어가려하지 말아야 한다. 선교사는 납득할 수 있는 지출 경비를 제출해야 하고, 수고비를 기대하지 말고 사명감으로 안내하고 인도해야한다.

년   월   일

166 단기선교16

선교사는 모든 것을 선교 현장의 기준에만 맞추기보다 단기 팀의 여행자적인 마음 즉, 기념품을 사거나 분위기 있는 곳에서 쉬고 싶어 하는 마음, 새로운 곳을 경험하고 싶어 하는 요구를 지나치게 구속하고 억압하지 말아야한다.

167 단기선교17

한국 단기선교 팀은 현지음식을 먹는 것을 두려워 한다. 그래서 김치는 물론 통조림에 다양한 밑반찬까지 준비해 마치 소풍 오는듯 하다. 하지만 여행에서 현지 음식을 먹어보는 경험을 통해 저들의 자연환경을 이용하는 지혜는 물론, 종교관과 세계관까지 이해할 수 있음을 알아야 한다.

168 단기선교18

명석한 두뇌보다도 희미한 잉크자국이 더 정확하다는 것을 기억하라. 현장의 여러 이야기들과 느낌들을 기록하고 묻고 싶은 것에 대해

년   월   일

90 선교란

선 먼저 생각해 보고, 선교사에게 질문하고 토론을 통해 다양한 견해들을 들을 수 있어야 한다.

169 단기선교19

한정된 짧은 시간에 20년 이상의 다양한 복음의 역사를 다 이해할 수 있는 능력이 나에게 없다는 것을 인정해야 한다. 단편적 경험과 시각으로 전체를 판단하는 것은 물론, 다른 단체나 선교사에 대한 이야기나 판단도 극히 조심해야 할 것 이다.

170 단기선교20

단기선교팀이 선교 현장에 도착하면 대부분 눈에 보이는 건물이나 환경을 보고 감동을 받고 이해하려 하는데, 그 곳에 살아가는 변화된 현지 영혼들의 모습을 볼 줄 알아야 한다. 이 영혼이 오늘에 이르기까지 거쳐 온 과정을 묵상하고 이해 할 수 있어야 성숙한 선교에 접근해 갈 수 있다.

년   월   일

171 단기선교21

한국교회는 자기가 후원하는 선교사의 말이라면 객관적 진리보다 우선시하는 경향이 있다. 아주 적은 경험과 부분적인 지식으로 현지상황을 설명하는 선교사의 이야기를, 전체적인 것으로 이해하거나 믿고 받아들이는 우를 범하지 않도록 조심해야 한다.

172 단기선교22

종교적·경제적 우월감은 낯선 문화에 대해 무시하고 배척 하거나 두려워하는 모습으로 표현될 수 있다. 현지 문화를 이해해 보려는 열린 마음과 의지적 노력으로, 특별히 악하거나 비윤리적인 것이 아닌 이상 존중해주는 자세가 있어야 한다.

173 단기선교23

타 문화를 이해하기 위해선 그동안 내가 입고 있던 우리 문화의 옷을 벗고 현지 문화의 옷을 입고 나를 볼 수 있어야 한다. 우리 문화의 옷을

년   월   일

입은 채 현장을 보면 모든 것이 이상하고 고쳐야 할 것들 뿐이지만, 타문화 입장에서 우리를 보면 우리의 약함을 발견할 수 있기 때문이다.

174 단기선교24
한국교회는 단기선교 여행을 선교지 방문뿐 아니라 건강한 관광 문화를 세워가는 도구로도 활용해 가야한다. 그러기 위해선 기독교인 뿐 아니라 건전한 여행을 즐기려는 일반인도 거부반응 없이 참여 할 수 있는 프로그램을 기획하고 개발해야 한다.

175 단기선교25
여러 사람들 앞에서 선교사에게 돈을 전달하거나, 가지고 온 물품을 앞에 놓고 사람들을 불러 모아 사진 찍는 행동은 조심해야 한다. 예배 중에 사진 촬영 하는 것도 절제가 있어야 하며, 건축이나 어떤 도움에 대해서 무분별한 약속 역시 조심해야 한다.

묵상

년   월   일

176 단기선교26

현지인들과 함께 예배드리고 모임을 가질 때는 복장을 좀 더 단정하게 하고, 비록 그들이 인도하는 찬양이나 진행이 연약할지라도 저들을 세워주고 순종해 주어 저들에게 성취감을 맛보도록 도와주어야 한다. 간혹 주객이 바뀌어 있는 모습을 볼 때 참 마음 아프다.

177 단기선교27

현지 마을이나 교회, 공동체를 방문 할 때에 현지인들이 성심껏 대접하는 음식이나 음료를, 코에 대고 냄새 맡고 불쾌한 감정을 드러내는 것은 예의가 아니다. 숙소는 깨끗이 사용해야 하고 큰 소리로 떠들지 않도록 해야 하며 현지 시간 질서에 순종해야 한다.

178 단기선교28

방문 기간 동안 될 수 있는 한 현지인의 이야기를 더 많이 듣고 가도록 해야지, 너무 우리들의 간증이나 이야기를 많이 하지 않았으면 한다.

년   월   일

179 단기선교29

한 교회가 단기팀을 다양한 선교 현장으로 보내기도 해야겠지만 한 선교지역에 지속적으로 보내, 매 회 그 지역 영혼은 물론 정치 경제 사회 문화 전반에 걸쳐 자료를 모아 정리하는 학술적 탐구로도 영역을 넓혀 갈 수 있어야 한다.

180 단기선교30

단기선교팀은 우주의 주연자이신 예수 그리스도의 영광을 바라고 즐거워하여, 그에게 충성하는 것을 최고 영광스러운 자랑으로 여기며 살아가는, 하나님의 추수 밭 일꾼들을 돕는 조연자 중의 조연자이다.

년   월   일

메짠 공동채 (선교부 센터)

열정의 사람

(선교사 메콩강공동체 대표)

내가 정도연 선교사와 함께 동역자로 선교지에서 보낸 시간이 벌써 27년이 되었다. 사실 그는 신학교 선배이기도 하니 결코 짧지 않은 시간을 함께 해온 셈이다.

18년 전 선교지에서 스무 살 청년이 순교한 사건을 겪고 난 후 다시 일어설 힘을 잃어버린 듯 보였던 때가 있었다. 그때 염려하며 기도하던 나에게 그는 "오직 목사만을 꿈꾸고 살았노라"는 고백을 했다. 그의 고백처럼 그는 지금까지 정해진 한 길만을 향해 달려오고 있다. 그는 자신을 가리켜 '선교지에 던짐을 당한 자'라고 명명한다. 그의 선교 행적을 보면 그 말이 괜한 말이 아님을 알 수 있다. 그에게는 누구보다 깊숙이, 그리고 진지하게 선교를 해오면서 진짜 행복한 사람에게서 볼 수 있는 내면의 감사와 기쁨이 있다. 한 두 해, 혹은 몇 해 하다가 덤덤해지거나 지쳐 그만두고 말았을 것 같은 사건이나 일들을 만나면서도, 여전히 이 길을 가는 것을 기뻐하는 것을 보면 개척자로써 복음 전하는 일은 하나님께서 그에게 맡기신 천직이 분명하다.

그는 열정의 사람이다. 주어진 기회를 소중히 여기고 큰 일이든 작은 일이든 맡겨진 일에는 열정을 쏟는다. 그렇게 최선의 소명의 과정을 거친 후에는 그 결과는 함께 나누고 공유하는 것이 진정한 소명이라는 특별한 생각을 가진 자이기도 하다.

그 열정은 일에만 머무르지 않고, 생명구원을 위한 열정과 더불어 바른 복음주의자로서의 삶을 위한 혹독한 고민의 흔적까지 이른다. '선'이라 여기고 열정을 품고 달려가다 보면 선이라고 믿었던 것이 불의로 둔갑해 오히려 자신을 향한 올무가 되고, 선을 행하려는 인간의 의지는 어느 순간 악으로 기울어 그것이 자가면역질환처럼 스스로를 공격해, 고통스러워하는 것도 참 진리를 갈구하는 그의 열정 때문이리라. 30년 영적전쟁터에서 승리와 패배의 역사를 책 '선교란'으로 엮게 되어 무한히 기쁘고 감사하다. 그의 작은 선교역사의 기록들이 그 뒤를 좇는 후배 선교사들과 한국교회에 상식과도 같은 지침이 될 것이라 본다.

그동안 여러 방향을 향하여 뛰어가느라 늘 분주했던 모습에서 이제는 가을 나무처럼 심플해지는 그를 본다. 십자가 앞에서 침묵하는 시간이 점점 길어지고 심령이 가난한 자, 애통하는 자, 의에 주리고 목마른 자가 드리는 예배자의 모습으로 빚어져 가는 모습이 그의 묵상집에 고스란히 드러난다. 세월과 함께 맺어온 열정의 열매를 통해 하나님께 영광되기를 바라고 기대한다.

- 27년을 한결 같은 기도와 사랑으로 현장을 지켜준 동역자

메콩강 소년

정 도 연

만년설 녹아내려

언 대지 촉촉이 적시고

먼 바다를 그리며 늘어선

봉우리와 봉우리 사이사이를

흘러 흐르는 동안

바위의 모난 거친 부위를 윤기나게도

윗동네 시집간 딸의 소식 아랫동네 친정 어미에 전해주기도

총도 칼도 없이 막다른 곳 찾아 피해온 병사들에게[1]

잠시 쉴 시간을 만들어 주기도

기름진 토양 만들어

구름처럼 살아가는 수많은 소수민족의 허기진 배를 채워주기도

태고부터 감추어진 진귀한 보석의 찬란한 빛과

그토록 고고하고도 가냘픈 여린 꽃잎으로[2]

---

1) 2차대전, 중국의 국공 전쟁, 지금 이어지는 소수민족 독립 전쟁 등에서,

2) 양귀비꽃으로 인한 마약 전쟁

수많은 탐욕가들의 피를 뽑아 붉게 물들이게도 한

너, 메콩강

마약 범벅 얼굴 없는 전쟁 넘어

사람들 사이의 체온 싣고

영원으로 흐르는 너에게 몸을 던진다

메콩강골든트라이앵글교회십자가
고 김상렬1주기 추모식 때 메콩강에서 성찬식을 하며 세운 교회입니다

181 단기선교사1

하나님 나라를 위해 자기 삶의 중요한 한 부분을 선교현장에 바쳐 장기사역자의 부족한 부분을 채우고 돕는 조연자이다. 다양한 생각들이 있지만 3개월부터 4년 이하를 단기선교사의 한 Term이라고 생각한다.

182 단기선교사2

내가 선교현장에 필요하기 때문이라는 생각보다는 자신의 재능이 쓰임 받는다는 것에 감사하는 자세로 임해야 한다. 겸손하게 자신의 잠재능력을 개발하고 활용해 보면서, 자신에 대한 많은 가능성을 발견하고 성장의 기회로 삼을 수 있어야 한다.

183 단기선교사3

단기선교사는 주어진 기간 동안 매일 확실하게 책임지고 해야 할 일을 통해 성취감을 맛볼 수 있어야 한다. 장기 사역자는 분명하지 않은 막연한 일이나 얼마든지 현장에서 처리할 수 있는 일을 가지고 단기사역

묵상

년   월   일

자를 초청하려는 욕심을 절제해야 한다.

184 단기선교사4
고용 없는 성장으로 일자리를 찾지 못한 한국 젊은이들에게 고용창출의 현장이 되기도 한다. 또한 지식적 평가는 가능하지만 인격과 능력의 검증 없이 직원을 뽑아야 하는 기업에서는 선교현장을 인턴 장소와 해외 개척의 기회로 삼아, 잠재능력을 가진 젊은이를 찾는 기회로 활용할수 있어야 한다.

185 단기선교사5
단기선교사가 되기 원하지만 생활비와 사역비 모금이 되질 않아 포기하는 헌신자가 많다. 단기사역자를 필요로 하는 단체나 장기선교사가 단기선교사의 숙식을 책임져 주는 것이 좋다. 그렇게 먼저 희생 할 때 더 많은 단기선교사가 헌신되리라 본다.

년   월   일

186 단기선교사6

그저 고지식한 틀 속에 자신을 묶어두지 말고 주어진 기간과 환경을 통해 자신의 견문을 넓히고 외국어를 배우고 습득하며, 다양한 문화를 체험 할 수 있는 기회로 삼아야 한다.

187 단기선교사7

특별히 필요한 부분이 없는데 불러온 경우나 지인의 부탁으로 단기선교사를 받는 경우, 단기선교사를 가정교사나 도우미로 제한하는 실수를 범할 수 있다. 장기사역자는 그의 능력을 활용할 수 있는 기회를 만들고 제공할 수 있어야 한다.

188 단기선교사8

선교는 하나님의 일이기에 영성관리가 되지 않으면 여러 사람을 힘들게 할 수 있다. 자신의 영성관리를 위한 말씀묵상과 기도의 시간을 스스로 마련 할 수 있어야 하며, 장기선교사는 이 부분을 도와주고 지도

묵상

년   월   일

해 주어야 한다.

189 단기선교사9
거룩한 헌신에 상처를 입지 않기 위해서는 현지 문화에 대한 깊은 이해가
필요하고, 너무 높은 가치로 함께 사역하는 장기선교사를 기준해 보지
말아야 한다. 대부분의 상처와 시험은 사람에 대한 기대에서 비롯된다.

190 단기선교사10
장기사역자는 자기 단체에 온 단기사역자의 재능을 자기 단체 안에서
만 활용하지 말고, 필요한 여러 선교사들이 함께 할 수 있는 기회를 만
들어 주면 좋을 것이다. 단기선교사도 무리되지 않은 범주에서 자신의
재능이 쓰임 받음을 감사해야 한다.

191 단기선교사11
자신의 모난 성품과 습관 때문에 함께하는 동역자들이 상처받지 않도

년   월   일

록, 자신의 감정을 절제하고 남을 배려하는 훈련을 통해 자신의 내적
성숙을 이루는 기회로 삼아야 한다.

192 단기선교사12
교회는 단기선교사에 대한 이해를 더욱 성숙시켜 교회 안에 젊은이들이
더 넓은 세계에서 쓰임 받을 수 있도록 적극적으로 후원하고 협력해 주
어야 한다. 우리 교회, 교단, 단체에만 파송해야 한다는 좁은 생각 때
문에 더 넓게 쓰임 받을 수 있는 기회를 제한해서는 안 된다.

193 실버선교사1
1차적으로 주어진 삶의 현장에서 성실하게 살면서 삶의 태생적 임무인
자녀 등에 대한 일반적 의무를 일단락 짓고, 그동안 쌓은 삶의 경험과
이해를 토대로 선교현장에서 조연자의 자세로 젊은 선교사들과 함께
새로운 삶에 도전하는 사람이다.

묵상

년   월   일

194 실버선교사2

젊은 선교사들의 멘토이고 현장 여러 문제에 대한 상담자요 위로자이다. 젊은 선교사들이 열정이 앞서 놓칠 수 있는 부분에 대해 연륜을 통해 얻은 지혜를 나눔에 있어서도, 열 마디 참고 어렵게 한 마디를 할 수 있는 성숙한 절제가 있는 조연자이다.

195 실버선교사3

젊어서 익혀놓은 언어가 있다면 강의를 통한 역할도 있지만, 이제 막 현지 언어를 배워야 하고 통역의 도움이 필요한 상태라면 굳이 말로 설명해야하는 일보다는, 눈짓만으로도 이해가 가능한 일들도 얼마든지 있으니 그러한 일에 쓰임 받음도 감사하는 사람이다.

196 실버선교사4

젊은 선교사는 부모를 모시는 마음으로 실버선교사를 섬기는 모습을 통해, 하나님께서 세우신 가정의 중요성을 현지인에게 보여줄 수 있는

묵상

년   월   일

기회로 삼아야 한다. 더불어 젊은 선교사는 너무 젊은 나이에 선교사로 살면서 섬김 받는 것에 익숙해져 있다는 것을 깨달아야 한다.

197 실버선교사5
삶의 고독과 회한이 남에게 불편을 주는 모습으로 나타나지 않도록 스스로의 영성을 책임질 수 있는 성숙함이 필요하다. 평생을 함께해 온 두 부부가 즐겁게 시간을 보낼 수 있는 취미생활이 있다면 문화가 다른 현장일지라도 유익할 것이다.

198 실버선교사6
지나온 삶의 성공과 실패를 통해 얻은 수많은 교훈들을 글로써 정리하거나 녹음으로라도 남기는 일을 할 수 있어야 한다. 그 귀한 삶의 자료들이 그 뒤를 따라가는 젊은이들에게 읽혀지고 들려지도록 젊은 선교사들은 이 부분이 가능하도록 도와드려야 한다.

묵상

년 월 일

199 실버선교사7

삶의 경험과 열정으로 볼 때 정말 참고 보아 넘기기 어렵더라도 젊은 전문 선교사들이 하는 영역까지 하겠다고 나서지 않아야 한다. **선교는** 아주 긴 시간 동안 수많은 조연자들에 의해 쌓여가고 다듬어가는 하나님의 일이기 때문이다.

200 실버선교사8

그동안 살면서 못 다한 덕을 실천하는 곳이요, 나만을 위했던 이기의 옷을 벗고 남을 위한 이타적 사랑을 실천하는 삶이며, 후회의 아픔과 부끄러운 삶의 흔적을 지워가는 삶이다.

201 실버선교사9

선교 현장은 실버선교사에게 물질적 부담을 주지 않아야 한다. 젊은 선교사들은 실버선교사들이 현지 실정을 잘 몰라 불필요한 낭비를 하지 않도록 바른 정보를 드려야 하며, 노후에 최소한의 편안하고 행복

묵상

년   월   일

한 삶을 누릴 수 있도록 배려해 드려야 한다.

202 실버선교사10

건강하게 오래오래 거룩한 삶의 모습을 은은한 향기로 남겨주는 것이다. 기후나 환경, 또 마음의 갈등으로 힘들고 어려울 때는 언제든지 편하게 고향이나 사랑하는 아들 딸 손자 손녀의 재롱이 있는 곳으로 돌아가 쉬었다 다시 올 수 있어야 한다.

203 실버선교사11

선생님의 가르침이 있는 교실에서 돌아와 아버지 어머니의 따뜻한 사랑의 교훈이 있는 가정의 환경을 만들어 가는 것이다. 나는 23년 동안 현지 영혼들에게 선생은 되었을지 모르나, 부모님이 되어 주지 못한 미안함을 안고 살아간다. (고전4:15-16)

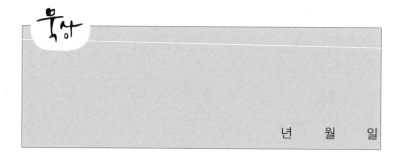

년   월   일

204 실버선교사12

그리스도를 목표로 살아온 삶의 면류관이요 훈장이며, 인생의 교실이

고 한 평생 써내려간 그리스도의 편지이며, 자신을 태워 피어오르는 십

자가의 향기이다. (고후3:3,2:15)

묵상

년   월   일

역지사지의 선교사

윤주홍 선교사

(SIL인터네셔널 아프카니스탄 선교사)

본서에는 지난 십 년간 지켜본 정도연 목사님의 선교관이 그대로 녹아져 있다. 언행일치의 삶을 살아 내고자 발버둥 치는 고독한 한 인간의 모습이, 자신의 연약함과 한계를 적나라하게 드러내는 고백이, 선지자적 삶을 살아 내려 자신과 세상을 향해 외치는 소리가 담겨 있다. 그가 자신의 내면과 세상을 향해 고백하는 주제들은 먼저는 '역지사지'(易地思之)적인 선교사의 자세이다. 그는 "선교는 대상자의 변화나 성숙보다 선교사가 복음으로 인해 변하여 가는 과정이다"라고 하며, 우리 자신이 '현지인들에게 이상하고 낯선 존재임을 깨닫고 겸허해짐이 그 선교의 시작'이라고 말한다.

또한 선교사적 삶을 살기 위해서는 좋은 경건의 습관 그리고 그것을 지키고자 하는 투철한 사명감이 있어야 함을 강조하고 있다: "선교는 깨닫는 자가 깨닫지 못하는 자의 몫까지 품고 책임지며 살아가지만 보상을 바라지 않는 것이다 … 죄의 본성으로부터 나를 이겨갈 수 있는 시스템과 환경을 만들어 스스로를 지키려 애쓰는 삶이다." 이는 "선교사의 권위와 위엄은 헌신한 세월이나 자기의 노력으로 얻은 학위, 얼마나 큰 현장을 운영하고 있느냐에 있지 않고 하나님이 맡기시고 인도하신 지정석에서 얼마나 거룩하게 자기 성숙을 이루어 갔느냐에 있다."는 정목사님이 말씀하시는 '지정석'의 정신과 이어져 있다.

그리고 '철저히 낮아지는 삶의 유익함'을 경험하여 이를 나누고자 하는 외침이 있다. "세상에서는 자신 하나 건사하기 힘든 무능한 자라도 하나님께 부름 받아 쓰임 받으면 의미 있는 존재가 된다"고 이 글에는 또한 조연자로서의 삶의 자세에 대한 확고한 신념이 녹아 있다. "선교의 청사진은 성경에 이미 써 있으니 선교사 자신이 그려가는 것이 아니다 …… 선교는 사람을 만나 교육하고 감동시켜 그 안에 잠재된 능력을 개발해 내도록 끊임없는 응원과 격려로 돕는 것이다"고 말한다. 그 조연자의 리더십이란 "선교사 자신이 속한 사회의 한 구성원으로 그에게 가장 적합한 자리에서 가장 적합한 일을 가장 확실하게 감당해 성숙한 공동체를 세워가는 일에 쓰임 받도록 하는 양육의 리더십"이며, 조연자의 자세는, "나에게 필요한 곳이 아닌 나를 필요로 하는 곳을 선택하는 것"이고, 부르심에 대하여 "개인적인 이유 때문에 거절하지 않는 것"이라 말한다. 한 마디로 그의 '조연자 리더십'을 정리해 보면 '좋은 조연자와 좋은 동역자가 되지 않고는 좋은 주연자가 그리고 좋은 리더가 될 수 없다'는 것이다. 특히 정도연 목사님이 리더십을 발휘하는 짜런탐 공동체의 공간에 들어서면 첫 눈에 띄는 문구가 이 "조연자의 집"이니, 이는 짜런탐 선교 공동체의 모토라고 할 수 있을 것이다. 이 조연자의 정신은 한국 교회와 선교가 나아갈 방향을 제시해 주고 있다고 생각한다.

정도연 목사님은 현지인 공동체와 한인 교회 공동체를 이끌고 있는데 공동체의 의미를 묵상하며 매 순간 마다 자신을 향해, 공동체 식구들을 향해 순종의 중요성을 외치고 있다. "말씀을 통해 전해주신 하나님의 뜻이 모두 이해되어서 순종이란 행동을 하는 것이 아니다…… 하나님의 뜻은 위대하고 고상한 일이나 수많은 군중이 아닌 지금 내 앞에 있는 보잘 것 없는 몇 무리와 함께 작은 일에 충성하는 것이다. 혹자는 생각하기를 순종이란 힘이 없고 연약한 자나 하는 것이라 생각하기 쉽다. 아니다. 순종은 강하고 담대하고 자신 있는 자만이 할 수 있는 하나님의 자녀 된 자의 특권으로 순종만큼 강한 힘은 없다" 한다. 공동체가 무너지면 '상호 오염'(cross contamination)으로 모두가 망할 수밖에 없음을 절감하는 순간에 이 글을 읽으니, 그리스도인 공동체라는 한 배에 탄 우리 모든 한국 그리스도인들이 이 외치는 소리를 듣기를 소망하게 된다.

그의 선교관을 한 마디로 정의해 본다면, '선교는 은혜로, 믿음을 통하여 그리고 그리스도 예수 안에서 이루어 지는 삶이며 사역이어야 한다'는 것이다. 자신의 목표를 축복해 달라고 기도하는 것을 멈추고 하나님의 뜻을 위해 기도하며, 하나님의 뜻이 자신 안에서, 자신의 삶을 통하여 이루어지는 '하나님의 성공'을 이루어 달라고 기도하는 정도연 목사님을 만나 감사한 마음에 이 글을 적어 본다.

- 영적 대가족으로 10년 동안 함께 해 주신 선교사

틈새

정 도 연

문명이란 옷의 두께가 얇을수록
아름다움은 더 하나봅니다
자연도 그렇고 인간도 말입니다

이곳 땅 끝 빠마이가 입고 있는 문명의 옷이
너무 얇고 투명해 속이 훤히 비추이지만
추하지 않음은
태고의 이브이기 때문입니다

이곳에 삶의 터를 내린 이들의
검붉게 그을려 투박한 피부,
그 속에 벤 미소가 평화로운 것도
우리 같은 문명의 요란한 옷을
입지 않았기 때문입니다

아무리 맞추어보려 해도
영 어울리지 않을 것 같았던

자연과 문명의 만남이

이렇게도 아름다운 하모니를 이룰 수 있었던 것은

우리들의 빈 틈새에 주님이 서 계셨기 때문입니다

(2003년 11월 필그림과 함께하는 빠마이 찬양제에서 망가진 첼로 때문에 어려웠는
데 최선을 다한 후에 나머지 빈틈은 우리들이 책임지는 부분이 아니라 주님이 서 계셔
야 할 자리라고 하는 것을 깨닫고서 연주회를 은혜롭게 마치었다)

205 자립선교1

빵이 없으면 살 수 없는 존재들이 예수 그리스도께서 주신 영원한 생명의 말씀의 떡으로 만족하는 성숙한 복음의 맛을 느끼게 해 주는 것이다. 그 단계에 이르기까지 복음의 그늘 아래 육신의 빵 문제를 위해 노력을 아끼지 말아야 하는 것이다. (요6:45,51)

206 자립선교2

십자가의 도(길)는 처음엔 영적 사명감으로 헌신해 출발하지만 도중에 지치거나 힘들 때 포기하지 않고, 그 길을 계속가기 위해서는 육체적 삶의 자립을 위해 필요한 것들도 얻을 수 있어야 한다. 그러나 최종 목표는 십자가에 달리신 예수 그리스도를 만나는 것이다.

207 자립선교3

선교현장의 경제적 자립은 선교사가 하나님께서 그의 나라를 위해 선교사에게 맡긴 헌금들이 성도들의 어떤 노력과 땀 흘림을 통해 오게 되

년   월   일

었는지를 먼저 이해하고, 거룩하고 겸손함으로 그 뜻에 합당하게 사용하는 믿음의 본을 보여주는 것으로부터 시작된다. (고전11:1)

208 자립선교4

자립선교에 가장 중요한 것은 사람이다. 성경적 경제관을 이해하고 실천하여 이윤보다 사람에게 일자리 마련해 주는 것을 더 즐거워하는 자로부터 확장되는 영역이다. 그 사람은 외부에서 똑똑한 인재를 영입해 오기보다는 내부에서 긴 시간 동안 길러져 온 사람이어야 더욱 확실하다. (딤후2:2)

209 자립선교5

자립선교 정책에 있어서 중요한 우선순위는 소득이 아니라 고용창출이다. 성경 말씀의 가르침과 은사를 따라 즐거움으로 땀 흘려 일 할 수 있는 노동의 현장을 만들어, 한 사람도 소외됨 없이 함께 수고하여 그 소산을 먹는 기쁨을 맛보게 하는 것이다. (전도서3:13)

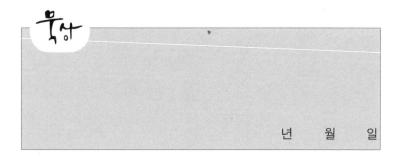

년 월 일

210 자립선교6

빵의 지배를 받으며 살아가는 영혼과 그들의 삶을, 십자가의 복음으로 거듭난 새 생명이 빵의 현장을 통치하고 다스려가게 하는 것이다. 세상은 빵이 영혼과 그들의 삶을 지배하지만, 하나님 나라는 십자가의 복음이 빵의 현장을 통치하고 다스리는 나라이다. (요6:51)

211 자립선교7

우리가 하나님의 말씀으로 깊고 넓게 성숙하기 전까지는 영적인 삶도 육신에 의해 지배 받을 때가 더 많기에 긍휼사역이 필요하지만, 그 일은 저들 스스로 밀을 심고 가꾸고 거두어 빵을 만들도록 돕는 역할이어야지, 교회에 나오면 수고하지 않았는데도 얻을 수 있다는 공짜 심리를 키워주는 것은 아니다. (엡3:18-19)

212 자립선교8

직접 복음 전도가 허락되지 않는 지역은 물론이고 자유로운 지역일지

묵상

년   월   일

라도 육체적 고용창출은 효과적인 복음 전도의 접촉점을 만들어 줄 뿐
아니라, 기독교를 교회 건물로 제한하려는 이방인의 선입견을 바꾸는
데도 효과적인 접근법이 될 수 있다.

213 자립선교9
선교사는 사역을 위해 땅을 매입하고 건물을 세울 때에 투자하는 물질
만큼 자립으로 이어질 수 있도록 지혜롭게 잘 계획해야 한다. 거미줄이
처지거나 녹슬어 가는 것이 아니라, 닳아 없어질 만큼 쓰임 받고 사용되
는 바른 기독교 경제관과 자립의 방법의 모형을 보여줄 수 있어야 한다.

214 자립선교10
경제적 은사가 없는 선교사일지라도 선교사 가정의 식탁위에 밥그릇과
수저 하나씩 더 놓고, 빈 방은 내어주고 조금 불편하게 사는 것으로 선
교지의 자립은 출발 할 수 있다. 한국의 수많은 헌신자들이 현장으로
가지 못하는 이유 중 하나가 빵의 문제이다.

묵상

년   월   일

215 자립선교11
자립선교를 위해 세계에 흩어져 살아가는 700만 한인디아스포라에게 복음을 전하고, 그들의 삶의 현장과 현지 문화에 대한 이해가 하나님 나라를 위해 쓰임 받을 수 있도록, 한국 교회 안에 강하게 자리한 made in church의 규범들에 대한 복음적 이해가 필요하다.

216 자립선교12
자립선교의 중요한 한 축은 평신도들로서 모든 성도가 영적으로 고용 창출 되어, 그들에게 맡겨진 삶의 현장에서 책임감과 주인의식을 가지고 영적 재생산을 하도록 해야 한다. 이를 위해 교회 안에 여러 직분의 기능적 역할에 대한 바른 복음적 이해가 필요하다. (딤후2:1-2)

217 자립선교13
현재 한국 선교사의 입장에서 볼 때, 재정까지 하나가 된 팀사역이나 공동체사역을 자립선교를 위한 하나의 방법으로 생각해 볼 수 있

년   월   일

다. 각자 받은 은사가 독립적으로 활동하지 않고 서로의 약함을 채워주고 채움 받으며 영적 시너지를 체험하는 것이 공동체이기 때문이다. (고전12:25,27)

218 자립선교14
선교사의 엥겔지수(?)를 줄여가려고 노력하는 것이 자립선교의 한 부분일 수 있다. 모금된 선교비 중 자신과 가족을 위해 사용한 것과 함께한 동역자와 다른 영혼들과 함께 나누어 쓴 것의 비율을 통해, 영적 자립 퍼센트를 생각해 보는 것도 재미있을 것 같다.

219 자립선교15
자립선교의 중요한 주제가 경제이긴 하나 어떤 경우에도 영적 자립보다 경제적 자립이 더 중요한 가치나 위치에 놓여서는 안 된다는 원칙을 지킬 수 있을 때 자립선교의 은혜를 맛보고 누릴 수 있을 것이다.

년   월   일

220 MK선교1

선교사자녀(Missionary Kid)는 한국사회의 국제화와 한국교회의 미래를 위해 하나님께서 마련해 주신 선물이다. 선물은 받아 소유하고 있는 자가 어떻게 관리하고 다듬느냐에 따라 그 쓰임이 결정된다.

221 MK선교2

MK는 부모가 선택한 길에 피해자라는 생각 보다는 세계화라는 흐름 속에서 '특별한 기회를 제공받은 자'라는 감사한 마음으로 접근해야 한다. 피해의식은 주어진 기회도 놓치게 하지만, 은혜에 대한 겸손한 자세는 특수한 환경이 담고 있는 미지의 세계를 남과 다른 자산으로 간직하게 한다.

222 MK선교3

MK에게 주어진 특수한 기회를 효과적으로 활용하고 개발시켜 주지 못한 가장 큰 책임은 시대의 흐름을 읽지 못한 부모 때문이다. 이중 언

년   월   일

어와 다양한 문화를 경험할 수 있는 특별한 아이들을 되려, 불쌍하고 측은하게 이용하려는 어리석은 유혹을 이겨야 한다.

223 MK선교4

MK들에게 그들이 살고 있는 나라의 언어는 물론 정치, 경제, 사회, 문화, 교육에 대해 전문가가 되게 하라. 세계화가 꼭 미국화를 말하는 것은 아니다. MK들이 지금 주어진 상황과 환경에서 최고의 자리를 향해 가는 꿈을 꾸도록 도와주어야 한다.

224 MK선교5

각 선교단체, 교단, 지역별로 선교사들 스스로가 소비성 강한 여러 대회나 수련회 세미나 등을 축소하거나 취소하고, 그러한 자금과 생활비를 절약하여, MK 장학금으로 적립하고 나누는 일들이 선교사 사회에서 먼저 일어나야 한다. (삼상1:26-28)

년   월   일

225 MK선교6

MK Dorm은 정상 교육이 어려운 오지에서 사역하는 MK들을 위한 대체 교육환경이지, 더 좋은 교육환경을 찾는 일부 부모들의 욕심을 따라 세운 시설이 아니다. 가장 좋은 교육환경은 부모의 품이다. 그렇다고 자녀교육 때문에 소명의 현장을 떠나는 것도 바람직하지 않다.

226 MK선교7

MK Dorm Parents는 장기사역자여야 한다고 생각한다. 친부모에게 적응하고 순종하는 것도 쉽지 않은 아이들과 십대들이, 약 6년 이상 공부하는 동안 서너 번씩 Dorm Parents가 바뀌는 과정 속에서 겪어야 하는 마음의 고통을 헤아려 보아야 한다.

227 MK선교8

Dorm 운영비도 학생들에게 받는 것을 최소화 하고 Dorm Parents가 최대로 책임지는 것이 한국적 정서에 더 효과적이라 생각한다. 학생 선

묵상

년   월   일

발의 자율성이 강해지고, 학부모들의 지나친 간섭의 빌미를 줄일 수 있고 학생들에게는 순종의 이유가 될 수 있다.

228 MK선교9
이젠 MK들을 위한 교육시설도 외국보다 국내에 세우는 것이 더 효과적이라 생각한다. 농어촌 폐교를 활용해 넘쳐나는 젊은 크리스천 교원 자격자들과 외국어에 능한 은퇴 선교사들, 평생 교직에 헌신해 온 은퇴 교사들에게 기회를 줄 수 있고 한국 교육에도 새로운 바람을 일으킬 수 있다고 본다.

229 MK선교10
한국 MK들에게 민족주의가 아닌 한국어와 한국 역사, 문화에 대한 자존감을 심어주어야 한다. 건강한 자존감이 영적 정체성과 지구촌 공동체 속에서 자신을 지키며 이웃을 섬기고 사랑할 수 있는 배경이 된다.

년   월   일

230 MK선교11

MK의 최고의 스승과 Role Model은 그의 부모이다. 예수 그리스도를 구주와 주인으로 모시는 믿음 안에서 하나님 말씀에 순종하며, 십자가의 길을 걷는 거룩한 부모의 삶을 배경으로 우리 MK들의 미래는 건강하게 세워져 갈 것이다.

231 MK선교12

MK의 특권 안에서 경쟁해 잘 하는 아이보다, 어디에 내놓아도 당당히 믿음을 지키며 창의적으로 세상을 이끌어 갈 수 있는, 실력과 인격을 갖춘 아이로 자라도록 인도해야 한다. 점점 MK의 특권이 두꺼워지는 것 같아 염려스럽다.

년   월   일

숨 쉬는 글들이어라!

황윤수 목사

(광신대학교 교수)

 내가 어렸을 때 시골집 마당에 누군가가 멍석을 깔아주면 아이들이 그 위에서 뒹굴고 뛰기도 하며, 아낙들은 그 위에 앉아서 무언가를 재미있게 이야기를 하면서 지내고 어떤 사람들은 윷놀이며 여러 가지의 놀이를 한다. 그 멍석은 그 때 놀던 아이들이 자라서 어른이 되면 그가 역시 멍석을 까는 일을 하고, 또 다른 자식들이 그 위에서 노는 모습을 본다. 널려있는 멍석들을 보면 어떤 멍석은 비교적 깨끗하고 단정하게 보이는 것이 있고, 어떤 것은 헐고 지저분하게 보이는 것들도 있다. 마치 선교의 바닥(?)도 그러한 멍석들처럼 여기저기 깔려있고, 그 위에서 여러 가지 모습들을 보이면서 사역들을 하고 있다.

 태국사람들은 목사나 선교사들을 아잔이라고 부른다. 그래서 나도 이 글에서 정도연선교사님을 아잔 정이라고 지정하고 싶다. 아잔정은 내가 선교지에 부임한지 6년 후에 나와 처음 대면하였고, 그 이후 지금까지 동역자로서 선후배로서 그리고 좀 모자란 형과 잘난 아우처럼 더불어 지내왔다. 그러니 그 관계는 독자들이 충분이 이해 할 수 있으리라고 본다. 금 번 아잔정이 매일 썼던 선교지 이야기를 모아서 책으로 엮는다는데 진심으로 축하하고 감사하고 부럽기도 하다. 이 글들은 신학적인 것도 아니고 심오한 철학적인 글이 아니어도, 그 글들은 현장의 숨소리를 듣게 되고 살아있는 모습을 보여주는 것이기 때문에 값진 것이라 생각한다.

세상에는 결코 뿌리 없는 나무는 없고 원인 없는 결과가 없다. 선교도 역시 마찬가지이다. 나 보다 먼저 와서 훨씬 열악한 환경에서 헌신하고 노력하며 만들어 놓은 멍석과 같은 곳에서, 뒹굴고 뛰고 놀이들을 하는 것처럼 그 계를 이어서 해나가는 것이 아니겠는가! 그런데도 많은 사람들은 먼저 일한 사람들의 흔적을 지우려고 노력하고, 현재의 상황으로 자신의 공만을 드러내려고 한다. 결코 그렇게 되지 않는데도 말이다.

그러나 아잔정은 사역의 시작을 무시하거나 조작한 일이 없는 자존감이 분명한 선교사이다. 아잔정은 선교사로서 헌신한 후 딴 길을 생각하지 않고 한 길만을 달려왔다. 거의 대부분은 선교사로서 얼마든지 유혹을 받기도 하고, 어떤 명분을 세워서라도 국내목회나 다른 내용의 사역을 생각해 볼 수 있을 것이다. 그러나 아잔정은 확고했다. 내가 알기에도 방콕과 한국의 몇 교회들이 국내목회를 권유한 적이 있었지만, 선교사의 사명에 흔들림 없이 지금까지 자리를 지켜왔다. 그러다 보니 세상적으로 많은 친구들이 없어 외로울 수 있을 것인데 아랑곳하지 않고 일에 흥미와 기쁨을 누리고 산다. 아잔정은 결혼 후에 많은 자식들을 갖고 싶다는 마음으로 친자식을 포기하는 결행도 했었다. 그 마음을 아신 주님께서 아들 셋을 주셨고 선교지의 수많은 자식들도 주셨다. 그가 양육하는 아이들에게 아빠라고 불린다. 그리고 어색함이 없이 부자관계처럼 지낸다. 보통사람들은 쉽게 그런 관계가 되지 않을 것이다. 아잔정은 선교지 교회들의 자립을 위해 단호하게 지도한다. 인색해서가 아니다. 그들의 미래를 만들어 주기 위해서다. 지난번 방문해서 현지교역자들이 만족하면서 사역하는 것을 보았다. 아잔정은 계속 글을 써가게 될 것이다. 그리고 그 글들은 변함없이 살아있는 보고서가 되고 선교의 밑거름이 될 것이다.

짜런탐 선교부설립자. 선임선교사

메사이 다리

정 도 연

I.

'메사이 다리'

태국과 미얀마 사이를 흐르는 '쏩루악' 시내 위에 놓여진

15m 정도의 국경 다리,

그곳엔 세계가 있고 숨 쉬는 삶이 보인다

때 묻지 않은 자연과

문명의 이기가 함께 호흡하고

쉴 새 없이 오고가는 수많은 사람들과

가득 채운 화물트럭이 이데올로기를 넘나들며

삶을 꾸며 가는 곳

핫팬츠, 디지털 카메라, 금발머리,

어느 부족의 전설에 나오는 흰 코끼리 마냥

덩치 큰 서양 관광객,

행여,

그가, 오래 전 잃어 버렸다는

그 형제인가 !

언젠가 빵을 가지고 찾아올 거라는

막연히 가슴속에 흐르는 전설에 희망을 품고

바나나 잎 한 짐을 이마와 등에 메고 건너와

쌀 한 봉지와 소금 한줌에 휜 허리 펴며

만족한 미소를 머금은 부족 여인들,

제 몸 가누기조차 힘든 어린아이가

제 덩치만 한 동생을 땟물이 흐르는 보자기에 의지해 메고

국경다리를 넘나드는 착한 사람들을 찾아

말없이 두 손을 내밀며 흔들어대는,

빵이 그리운 아이들,

그리고

아직 한 가닥 살아있는 그 양심의 소리 때문인지

무언가 감출 것이 남아 있기라도 하듯

다리 기둥 뒤편에 감추어도 숨겨지지 않는 몸뚱아리를 애써 웅크리며

실눈 가늘게 뜨고 지켜보는

왠지 자신감 없어 보이는

어머니인 듯한 여인,

이렇듯

이곳 메사이 다리엔 삶이 있고

잃어버린 우리의 과거가 호흡하고 있다

그곳에 가면 세계가 있고

언제나 변함없는 그 모습인 것 같으나

매 순간 새로운 화면으로 가득한 작은 우주가 숨 쉬고 있다

Ⅱ.

이곳은 빵이,

원초적 본능이 지배 한다

사상의 이데올로기와 민족주의의 물은 더 이상 흐르지

않은지 오래 되었다

오직 맘모니즘의 시내가 흐르고 있을 뿐이다

이곳은 사막이다

황금 모레로 온통 뒤덮인

황금 사막이다

오가는 사람은 그리도 많건만
이곳엔 사람이 없고
오직 황금뿐이다

오늘도 저 루비시장 한쪽에선
큰 거래가 이루어지고 있나 보다

Ⅲ.
한눈에 보아도 가짜 같은 보석을 팔려고
즐겨 찾는 고객들의 나라말 한 마디씩을 구사하며 불러대는 상인들

마약과 황금에 눈이 먼 아빠를 위해
심청이가 되어
뱃사람을 기다리는 나 어린 소녀들의
가녀린 눈빛

매일 매일 반복되는 업무에 중독이 되었는지
눈빛 한 번 주지 않고 스탬프를 찍어주는
양 국경의 이민국 직원들

이런 풍경의 신비로움을 하나라도 놓칠세라

연신 카메라의 셔터를 눌러대는 수많은 나그네들.

왠지,
이곳에 서면 사람 냄새가 물씬 풍긴다

저들을 보면
사람을 만나는 것 같다

그러나
진정
나에게 있어
이들은 모두 마게도냐 인의 외치는 소리이다

* 메사이 다리
태국 북쪽 땅 끝과 과 미얀마 동북부 샨주를 이어주는 다리

232 단기선교 문화탐방1

단기선교를 통해 받은 은혜를 표현 할 때 고생했다고 말하는 것과 헌신을 통한 깨달음을 나누는 경우가 있다. 많은 팀들이 고생시켜 달라고 하지만 받은 은혜만큼 스스로 자원하여 헌신하려고 하지는 않는 것 같다.

233 단기선교 문화탐방2

단기선교기간 중 고생했다고 하는 것은 누군가에 의해 소극적이고 수동적으로 은혜에 참여했다는 의미로 그 표현에 자기 자랑이 있다. 하지만 헌신한 사람은 스스로 자원하여 적극적이고 능동적으로 누린 은혜를 자신의 변화로 보여준다.

234 단기선교 문화탐방3

성숙한 단기선교 여행은 불필요한 고생을 통해 억지스런 은혜의 흔적을 남기고 담아가려 하기보다, 당당하게 쉬고 누리면서 하나님께서 행

년   월   일

하신 일들을 보고 듣고 묵상을 통해 그 은혜를 깨닫고 결단하여 실천 가능한 헌신으로 이어가는 것이다.

235 단기선교 문화탐방4

한 번쯤 익숙하지 않은 일과 문화, 현지 음식들에 억지로라도 참여해 고생해 보는 것도 좋은 경험이 될 수 있지만, 가능한 범위 안에서 잘 먹고 잘 자고 건강한 정신과 마음으로 자신이 할 수 있는 일들에 기쁨으로 헌신하는 것이 더 효과적이고, 아름다운 추억이 있는 단기선교여행이 될 수 있다.

236 단기선교 문화탐방5

단기선교여행을 통해 은혜와 감동을 받는 것 보다 그 깨달음과 다짐을 지속해 가는 것이 더 어렵다. 억지가 아닌 건강한 몸과 마음으로 받은 은혜의 기쁨이라야 지속 가능한 헌신으로 이어질 수 있다.

년   월   일

237 단기선교 문화탐방6

단기선교, 해외문화탐방은 그동안 내게 익숙한 은혜의 옷을 벗고 낯선 옷을 입어보고 그 새롭고 신선한 은혜와 감동을 느껴보는 것이고, 주는 것보다 받아가는 배움이 더 많아야 한다.

238 단기선교 문화탐방7

질서와 약속을 지켜주는 것이다. 영화 「코리아」에서 남한 선수들이 약속을 어기고 감정적으로 북한 선수들에게 해주었던 여러 것들이, 북한 선수들은 물론 선수단 전체를 어렵게 했던 것처럼, 질서와 약속이 무시되는 선교 현장은 혼란과 어려움에 처할 수 있기 때문이다.

239 단기선교 문화탐방8

출발공항에서부터 도착공항까지 절대적으로 누군가의 도움이 필요한 것이다. 픽업, 숙식은 물론 정성껏 준비한 것들을 나눌 때도 누군가 입이 되어 주고 들어 주어야 하고 따라해 주어야 하는 대상까지, 나 스스

년   월   일

로는 할 수 있는 일이 별로 없는 것이다.

240 단기선교 문화탐방9
친정식구들의 시댁 방문이다. 단기선교여행팀은 친정식구들이고 현장
은 시댁이다. 나는 좀 잘 산다는 친정식구들이 와서 시댁식구들에게 무
례하고 실수하는 것도 싫지만, 시댁식구들이 친정 식구들을 성의 없이
대하는 것에도 속상해 하는 새댁이다.

241 단기선교 문화탐방10
지금까지 선교현장이란 지정석을 지켜온 장·단기 선교사님들과 그의
가족들을 모시고 조촐하고 정다운 식사 한 끼 나누며 그들의 삶의 이
야기를 듣는 것이다.

242 단기선교 문화탐방11
나에게 익숙한 생각, 판단, 삶의 습관, 편견에서 벗어나 선교현장의 의

년   월   일

도와 질서에 순종함을 통해, 자기 자신의 애벌레를 벗고 더 넓은 하늘로 날아올라 하나님이 창조한 세상을 경험하고 누리는 것이다.

243 보내는 선교사1

선교는 예수 그리스도를 주로 고백하고 믿어 하나님의 자녀가 된 모든 기독교인의 성숙한 삶이다. 그 거룩한 삶은 보내는 선교사(보급부대)로서의 삶과, 보냄 받은 선교사(전투부대)로서의 삶으로 나누어 볼 수 있다. 보내는 선교사에게는 직접 현장과 간접 현장이 있다. 직접 섬겨야 할 현장은 자신의 가정과 직장이다. 간접현장은 같은 신앙 안에서 비전 또한 비슷한 한 선교사와 그가 하는 사역에 사랑의 기도와 절약한 물질로 동역하는 것이다. 가끔 기회가 주어지면 간접 현장을 방문해 직접 현장에서 받은 피로를 위로 받고 직접 섬겨보는 경험도 할 수 있다.

244 보내는 선교사2

후원자라는 단어보다도 '보내는 선교사'라고 하면 좋겠다. 후원이란

년 · 월 · 일

용어는 주종관계 의미를 풍기지만 보내는 선교사라 할 때 동역에 대한 책임감이 더 강하게 느껴진다. 보냄 받은 선교사는 보내준 선교사에게 먼저 감사하고 진실해야 하며 하나님 앞에는 신실해야 한다. 보내는 선교사는 보냄 받은 선교사가 영적 자존감에 상처받지 않도록 하나님의 일에 동역자가 되어야지, 한 선교사를 돕는다는 생각을 하지 않아야 한다. (골3:23) "무슨 일을 하든지 마음을 다하여 주께 하듯 하고 사람에게 하듯 하지 말라"

245 보내는 선교사3

보내는 선교사는 보냄 받은 선교사가 지나치게 인위적이고 정치적인 선교단체의 규칙이 아닌 하나님의 법을 지키도록 해 주어야 한다. 단체에 충성하는 사람이 아닌 하나님께 충성하고, 선교의 정의를 찾는 삶이 아닌 복음전도의 삶을 실천하도록 도와야 한다. 보내는 선교사는 보냄 받은 선교사가 영적으로 깨어있을 수 있도록 자극하고 요구하고 도와야 한다. 보냄 받은 선교사는 소속단체의 이름이 자신의 능력이 아님

년   월   일

을 알고 겸손해야 한다.

246 보내는 선교사4

보다 더 성숙한 선교를 위해 보내는 선교에 대한 과제들이 있다고 본다. 보냄 받은 선교사와 그가 맡은 사역을 위해 모금된 선교헌금의 일부를 떼어내 선교단체를 운영하고, 거기에 속한 조직을 운영하는 구조에 대해서 연구할 필요가 있을 것이다. 선교단체들과 그 곳에서 섬기는 사람들은 모두 보내는 선교사이기 때문에 이들은 직접현장과 간접현장이 모두 있어야 한다고 본다.

247 보내는 선교사5

한국에는 많은 신학교와 신학자를 비롯한 전문 목회자들이 있다. 또한 기독교인들 중에는 문화 인류학자, 언어학자, 정치학자, 경제학자, 사회학자, 국제관계 전문가들이 많다. 이런 분들이 기도와 물질로 섬기면서 보내는 선교사의 역할을 다 한 것처럼 여기기 쉬운데, 오히려 그런

묵상

년   월   일

분들이 선교관리 현장에 적극 참여해야 한다고 본다. 많은 부분에서 선교지의 좁은 경험만으로는 채울 수 없는 것들이 있기 때문이다. 선교사를 발굴하고 훈련시켜 보내고 선교사들을 관리하는 것은 전문적 은사가 있는 분들, 성실하게 목회해 오신 분들이 돌보고 관리하는 선교사의 역할을 감당해 주어야 할 것이다. 그것이 훨씬 현실성 있고 영향력을 끼칠 수 있다고 생각한다. **선교는** 삶이고 목양이기 때문이다.

248 보내는 선교사6
영적 재충전을 위한 계획이나 모임보다도 지나치게 단체를 위한 정치적인 단합대회 수준의 모임이 많은 것을 지양해야 한다고 생각한다. 이를 통해 행정적 권위로 선교사를 통솔하려는 것 또한 깊이 생각해보아야 할 과제이다.

249 보내는 선교사7
그동안 당연한 것으로 여겨왔던, 알고서도 불이익을 당할까 염려해 말

년   월   일

하지 않았던, 이런 사소해 보이는 곳이 하나님의 법으로 바르게 다스려져 갈 때 떳떳한 영적 권위와 질서가 세워지고 지켜질 수 있다. 삶의 여러 무게를 지고 고난을 당하면서도 선교지를 위한 기도와 사랑과 물질로 헌신한 성도들이 볼 때 위로를 넘어 시원함을 느낄 만큼 투명한 선교의 구조를 세워가야 한다.

250 보내는 선교사8

현지 선교사는 눈에 보이는 것에 순종하지만 보내는 선교사는 바라는 것들의 실상을 믿고 보이지 않는 것들을 증거 하는 자이다. (히11:1)

묵상

년   월   일

선교는 나이를 먹는다

송금섭 목사

(시카고 아도나이교회 담임목사)

선교는 나이를 먹는다.

선교는 틀림없이 나이를 먹는다. 머리는 희어지고, 눈은 희미해지고, 손발에는 힘이 빠지고, 기억력이 가물가물 할 때쯤에는 추억을 먹고 살면서 오늘을 견디는 힘을 얻기도 한다. 하지만 옛 그리움과 추억 보다는 본질을 담은 항상 새것을 추구하며 더 젊어지는 한 사람을 보고 있다.

나는 그 사람을 30여 년 전에 조우했다.

나에게 1990년 뜨거운 여름은, 운명의 날이라고 할 수 있다. 바람의 도시 시카고에서 선교의 꿈을 안고 교회를 개척하여 목회를 시작하였다. 새 포도주는 새 부대에 담아야 하는데 어떤 것도 자신할 수 없었고 아무것도 알 수 없었고 어떤 보장도 없었다. 젊음과 믿음 하나만 믿고 시작한 교회를 어찌 새 부대에 담을 수 있단 말인가. 주위 사람들의 응원과 기도가 부담스러운 만큼 나에게 답이 없었다. 혹 새로 시작한 교회가 나를 위한 소모품이 될 것 같아 두려워하고 있을 즈음, 태국 북부 '치앙마이'에 있는 '옴꺼이'와 '치앙라이'에 있는 '메짠'을 방문했다. 나는 그곳에서 교회의 종소리를 듣게 되었다. 그 곳에서 필자를 처음 만나게 된 것이다.

선교란, 목회란, 그리고 교회가 무엇인지를 보여 주는 것이었다. 교회는 예수 그리스도의 몸이기에 교회를 보면 예수 그리스도를 볼 수 있어야 한다.

선교란 자기를 깨뜨려 다 내어 주는 것이다. '다라', '주라', '의라' 세 아들이 그 증인이다. 세 자녀의 이름의 뜻을 합치면 "다주라" 이다. 세 아들은 태어날 수 없는 아이들이다. 선교를 위해 아이를 낳지 않으려고 수술을 하고 이미숙에게 "나는 선교를 위해 아이를 낳지 않으려고 수술했는데 그래도 좋으면 결혼 할 수 있느냐"가 그의 프로포즈였다. 산족들을 전도하기 위해 베낭을 메고 깊은 산속으로 갈 때마다 이미숙은 혼자 무서운 밤을 보내기를 수 년, 그 산속 마을 무서운 어두움을 이길 수 있도록 사랑스러운 아이를 품는 축복을 기적처럼 열어 주었던 주인공들이 "다주라"이다

30년 동안 지켜 본 그는 실수와 허물, 그리고 시행착오의 주인공이었다. 메콩강공동체의 갈등과 분쟁, 분열 등 인간적인 연약함과 선교적

취약함이 왜 없었겠는가! 하지만 연약함은 성령의 망치를 통해 더 깨져서 "다주려고" 발버둥 치는 모습을 보면 내 맴이 아려와 그 곳이 내 마음에 아른거린다. 그리고 선교란 무엇인지 알게 해 준다.

선교는 틀림없이 나이가 먹는다. 30년의 선교 나이에 거칠고 어두운 터널을 무수히 지나면서, 검은 머리가 온통 희어지고 손발이 힘이 빠질 나이가 아닌가 하지만, 본질을 담은 새 것을 추구하면 더 젊어지는 정도연을 본다.

　-30년 동안 이 땅을 위해 기도와 사랑으로 돌보아 주신 선배 목사님

빠마이 대나무교회

하늘로 날아간 너를 생각하며

(부제 : 아빠에게)

정 도 연

아빠야!

요즘은 날씨가 무척이나 쌀쌀하구나.

벌써 한 해도 저물어 가고,

이곳 태국 북녘 땅 어느 산자락에 자리 잡은 너의 옛집에도 겨울이 찾아 왔단다.

네가 떠난 지 벌써 1년이 넘었는데

너는 이곳 네가 살던 너의 옛집이 그립지도 않느냐.

아짠은 아직도 너를 자주자주 본단다.

꿈속에서도 만나고

어느 저녁 온 하늘에 수없이 반짝이는 별들 속에서도 너를 본단다.

아짠은 네가 떠났던 작년의 겨울과 금년의 봄과 여름을 어떻게 보내 왔는지 모르겠구나.

그래, 네가 떠난 후 우리가 살던 집은 이미 예전이 그 집이 아니었어.

모든 것이 두렵고 모든 것이 싫어지고

아무리 마음을 정리하고 안정하려 애써도 되지를 않더구나.

그 동안 너희들과 함께 기도하며 이루어 왔던 모든 것들이 한 순간에 무너지는 듯하여

세상이 그토록 허무한 것인가를 절절히 느낄 수밖에 없었더란다.

바로 내가 너희들과 함께 있는 동안에

그런 일이 일어났다는 사실이 정말이지 믿어지지 않았단다.

이제 네 나이 꽃다운 16세,

네가 간지 일 년이 넘었으니 열일곱이 되었구나.

네가 살던 산마을(아쉐캬)에서 처음으로 예수 믿고 아짠과 함께 살기 시작하면서

그렇게도 너의 부족(아카족)을 위해 꿈도 많고, 소원도 많더니

너의 꿈, 너의 소망 어디에다 접어두고 그렇게 훌훌히 가 버렸느냐.

또 틈만 나면 가족들의 구원을 위해 조용한 곳을 찾아 안타까이 기도하던 네가 아니었더냐?

그런데 어찌 늙으신 너의 어머니,

마약 하는 너의 형, 엄마 없는 조카를 두고 너만 홀로 가 버렸단 말이냐.

이제 누가 너의 가족을 위해 그렇게 눈물 흘려 기도해 준단 말이냐.

네가 아침저녁으로 먹이던 소들은 아직도 한가로이 풀을 뜯고 있는데

너와 함께 공놀이하며 놀던 친구들은 아직도 저녁때면 날마다 축구하

며 건강하게 지내는데 너는 왜 이젠 소 먹이러 가지 않느냐.

친구들과 공놀이하며 유리창도 깨지 않고 왜 조용히 있기만 하느냐

축구 못해 손으로 잡고 뛴다고 놀리던 친구들이 싫어졌느냐.

그래, 높은 산 위에서 살아 축구가 뭔지 어떻게 하는지

어찌 알 수 있었겠느냐.

그래서 너희 친구들도 처음엔 항상 그래 왔듯이

너도 열심히 축구 연습하고 배구 연습하지 않았더냐.

그 모습 바라 볼 때마다 아짠의 마음 뭉클 하곤 했었는데

이제 어느 때에 손으로 축구하는 너의 모습 바라보며 웃겠느냐.

방학하면 그 동안 배운 태권도 엄마에게 보여 준다고

그렇게도 방학을 기다리던 네가 아니었더냐.

아짠의 눈엔 아직도 도복 입고 노란 띠 두른 너의 모습이 눈에 선한데

너는 왜 말이 없느냐

그래, 양어장에서 고기잡이하던 친구들이 그렇게도 부러웠느냐.

그래서 수영도 못하면서 한 발 한 발 물속으로 들어갔더란 말이냐.

눈빛으로만 주고 말았던 나의 사랑의 아픔은 뼈 속까지 파고들어

찬바람 부는 지난 겨울 밤을 온통 하얗게 밝히고 말았던 것을 네가 알

겠느냐.

아빠야!

네가 가던 그 날, 그 날은 방학하던 첫 날이었지.

지금 생각해도 알 수 없는 것은

그날따라 너희들이 왜 아짠에게 말 한마디 없이 고기를 잡았을까.

그날 오후가 너를 본 마지막이 될 줄 어찌 알았겠느냐.

다음 날 새벽 설교 준비하고 있는 내게

솜퐁이 밤 9시경에 찾아와 네가 없어졌다는 거야.

다른 때와는 다른 이상한 예감에 너의 친구들을 불러 모았지.

모두 기도한 후 횃불을 만들어 너를 찾기 시작했단다.

그러나 너는 집에도, 쉼터에도, 교회에도 없었어.

누군가가 그러더구나.

아빠는 조용히 기도하는 걸 좋아하니까, 아마 숲에 기도하러 갔을 거라고…

그때 아짠의 마음은 어땠는지 아니?

그 말에 그렇게도 희망이 생기고 그 말이 믿고 싶어지더구나.

제발 그래만 주었으면 하고 말이야.

지푸라기라도 붙잡고 싶은 심정이란 게 바로 그런 것인가 보더구나.

그러나 그 꿈과 믿음은 곧 깨어지고 말았지.

다시 한 번 수색한 양어장에서 그것도 맨 가장자리에서,

어떻게 저런 곳에서 사람이 죽을 수 있을까 싶은 그런 곳에서

너의 시신을 찾았을 땐 정말이지 아짠은 이 세상 사람이 아니었으면 싶었단다.

그런 와중에서 하나님께서 함께 하셨음인지

미리 준비해 둔 하얀 천이 (아짠이 둘째 아이를 낳을 때 쓰려고 준비해 둔 기저귀였던) 있어서 그것으로 너의 몸을 싸매고 그리고 너의 곁에서 밤을 새우며 반은 실성한 사람처럼,

너무나 가까이 있는 죽음의 위력에 한 없이 두렵고 허탈해 지기만 하더구나.

3일째 되던 날, 너의 가족들과 친구들은 예배로 너의 마지막 가는 길을 서러워하면서도 물귀신이 두려워 네 곁에 가까이 오지 못했지.

아짠은 손수 너를 싣고 가서, 또 손수 너를 묻어야 했단다.

그렇게 영혼 떠난 네 어린 육신을 내 손수 보냈으면서도

밤이면 네가 마지막 서 있었던 양어장 가에 서성이며

저 어둠을 뚫고 기적처럼 너의 모습이 나타나기를 기다리던,

아니 네가 어딘가에 숨어 있다가 금방이라도 풀잎을 헤치며

불쑥 나타날 것만 같아 차마 발길을 돌릴 수 없었던

아짠의 그 기대의 순간들과 좌절들을 네가 이해나 하겠느냐.

이젠 그 좌절과 기대의 순간들도 흐르는 시간 속에서 고독한 아픔의 향기로 번해 버렸구나.

참 야빠야!

우리 모두의 마음을 울렸던 네 일기장이 생각난다.

영혼 떠난 너의 어린 장막 묻고 돌아온 날 밤

우리 모두는 함께 모여 너의 유물인 일기장을 읽었었지.

9월 22일로 마지막 이었는데, 엄마에게 쓴 글이더구나.

"사랑하는 엄마!

이제 며칠 있으면 방학이에요.

여기 막내아들은 건강하게 잘 지내고 있어요.

이곳에서 배우는 성경공부, 예배,

그리고 짐승 기르며 채소 가꾸는 일이 힘은 들지만 너무 재미있어요.

그뿐 아니에요. 태권도도 하고, 무용, 기타 치며 노래도 불러요.

어서 엄마에게 보여드리고 싶어요.

엄마! 큰 형은 아직도 마약을 하나요?

둘째 형수님은 도망쳤다는데 조카들은 어떻게 지내나요?

엄마 한 가지 걱정이 있는데 방학이 되어도 집에 갈 수 있을는지 모르겠어요.

아직 차비를 마련하지 못했거든요. 그렇지만 염려 마세요.

저는 하나님의 백성이 되었으니 하나님이 지켜주니까요.

엄마와 형도 믿으세요. 그것이 내 소망이에요."

너의 일기장에 대한 추억과 아픔은

앞으로도 오래도록 아짠의 가슴에 남을 것만 같구나.

어느 날인가 너의 친구들이 (공동체 아이들) 그 동안 배운 전도용 춤과 노래,

태권무(跆拳舞)를 가지고 너의 마을 아쉐카에 올라가 예배를 드렸단다.

그 때 구경하던 마을 사람 중에 한 노인네가 서럽게, 서럽게 울고 계셨더란다.

처음 시작할 때부터 마지막 기도로 끝날 때까지 그 할머니는 울고 또 우셨단다.

그리고 그 할머니는

네 친구들의 손을 어루만지며 쓰다듬으며 입 맞추며 껴안으며 놓을 줄을 모르셨단다.

그 후에 이 아짠의 마음엔 남모르는 또 하나의 아픔이 자리하게 되었단다.

너의 밝고 순진한 모습 위에 한 노인네의 서러운 울음이 말이다.

너의 마지막 모습도, 너의 마지막 가는 길도 보지 못하셨던

그 초로의 노인네가 누구였는지 아짠은 물을 수가 없었어.

우리 다라와 주라가 내게 있어 소중한 아들들이듯이

너도 네 엄마에겐 더 할 수 없이 소중한 아들이었던 것을...

정말이지 그 날 이후 아짠의 가슴은 또 한 차례의 태풍을 만난 듯했고

그 태풍은 사정없이 아짠의 가슴을 할퀴어 놓았단다.

야빠야!

네가 떠난 지 일 년도 더 지난 오늘

아짠이 네게 편지를 쓰는 까닭은 다름 아니란다.

너의 죽음의 의미를 조금은 깨달았다고 해야 할까.

이런 좌절을 겪으면서 이제까지와는 다른 차원의 사랑을 배웠다고나

해야 할까.

순진하고 어린 너를 데려가신 하나님께 수 없는 물음을 던지면서

결국은 나 자신을 돌아보게 해 주셨다고 믿는단다.

너와 같은 아이들을 더욱 더 많이 사랑하라고 하시는 하나님의 음성으

로도 듣는단다.

그리고 뼈를 깎는 회개의 마음도 주셨단다.

그리고 지금껏 아짠의 이곳에서 마음을 옭아 메어 오던

두려움과 불안과 죄책의 사슬을 떨쳐 버렸단다.

주님께서 아짠의 마음에 평안과 자유함을 주신거지.

이제 주님께서 맡겨주신 사명 충성 다해 감당하다가

후일에 주님께서 우리 다시 만나게 하실 때 그때 우리 기뻐 뛰며 만나

자.

아빠야!

이젠 외롭다 말고 주님 품에 편히 쉬거라.

아짠은 너를 다시 만나면 손으로 축구하는 너의 모습 바라보며 마음

껏 웃어 보련다.

1995년 11월,

* 태국어로 아짠은 선생, 목사란 뜻

251 선교는 순종이다1

순종은 하나님의 역사이다. 선교는 세상도 인정하지 않을 수 없는, 진실한 순종으로만 써가는 하나님의 역사이다. 〈하나님께 순종 + 꿈·의지·지식·경험·열정 = 작품의 탄생〉과 동시에 30배 60배 100배 시너지까지 공유하지만, 〈자신의 비전·생각·열정·의지·지식·경험 + 하나님께 순종 = 상품과 독점〉이 있을 뿐이다.

252 선교는 순종이다2

순종은 특권이다. 혹자는 순종이란 힘이 없고 연약한 자나 하는 것이라 생각하기 쉽다. 아니다. 순종은 강하고 담대하고 자신 있는 자만이 할 수 있는 하나님의 자녀 된 자의 특권으로 순종만큼 강한 힘은 없다. -아멘-

253 선교는 순종이다3

순종은 삶이다. 순종은 항상 내 뜻과 충돌한다. 내 뜻은 내가 경험하

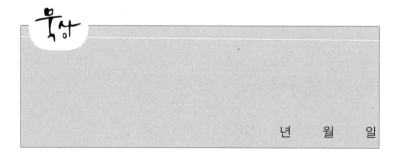

년   월   일

고 이해한 것 안에 제한되어 있으나 순종이 주려고 하는 것은 내 수준에서는 도저히 이해가 불가능한 것들이다. 순종하는 자는 그것을 내 경험의 과정이 없이도 얻을 수 있다.

254 선교는 순종이다4

순종이 용기다. 옳고 바름에 대한 순종이 용기다. 순종을 비굴한 모습과 혼돈 할 수 있으나 반항이나 굴복은 열등의식의 한 모습이다. 반항은 감정의 지배를 받지만 순종의 용기는 의지가 감정을 통제하고 자존감과 카리스마를 만들어 낸다.

255 선교는 순종이다5

순종이 인격이다. 인격은 세상과 이웃을 이해하고 포용해서 사랑으로 표현해 내는 내 안의 정화 능력이다. 인격은 외부로부터 오는 것에 의해 쌓여져 가는 것이 아닌, 순종함으로 내 안으로부터 세워져가는 것이다.

년   월   일

256 선교는 순종이다6

순종이 능력이다. 순종하기 전까지 하나님께서 우리에게 주신 모든 것은 잠재능력이었지만, 우리가 말씀에 순종하는 순간 모든 것이 가능한 힘이 된다. 그래서 사탄은 우리가 하나님의 말씀에 순종하는 것을 가장 두려워한다.

257 선교는 순종이다7

순종이 은혜다. 불순종으로 죄인이 된 인간은 죄의 유전을 따라 불순종을 즐기는 습성이 남아 있다. 선교는 그럴듯 하고 죄인에게 익숙한 상황, 환경, 이유로 하나님께 불순종하게 하는 유혹을 물리친 결과만큼 은혜롭고 풍성해진다.

258 선교는 순종이다8

순종이 지혜다. 썩어질 것과 썩지 아니할 것을 구분하는 것이 지혜다. 하나님의 형상대로 지음 받은 인간의 지혜는 원래 하나님의 지혜를

년   월   일

닮았으나, 불순종으로 미련해지고 어두워진 생각과 마음이 더 어리석게 되어 스스로 지혜 있다 하나, 썩어질 것과 썩지 아니할 것도 구분할 수 없게 되었다. 순종함으로 그 지혜를 회복해 영원한 하나님의 영광을 구하고 감사할 수 있다. (롬1:21-23)

259 선교는 순종이다9

순종이 성공이다. 필요한 때에 필요한 만큼의 환경을 얻는 것이 성공이고, 순종해야 할 때에 순종하지 않아 불순종이 누적된 것이 실패다. 그러므로 오늘 내가 처한 삶의 모든 것은 엄밀히 말해 순종의 과정에 대한 결과이지 신분이나 기회의 차이가 아니다.

260 선교는 순종이다10

순종이 이유다. 오늘 나의 삶에 일어난 기쁨과 평안의 이유는 물론 환란과 슬픔과 불안의 이유도 지난 순종의 결과다. 과거는 순종의 기회였고, 오늘은 그 순종의 결과이며, 미래는 오늘 한 순종에 의해 세워진

묵상

년   월   일

다. 삶의 의문들, 순종으로 풀라.

261 선교는 순종이다11
순종이 예배다. 우리를 위해 모든 것을 다 주신 아버지 하나님께서 우리에게 요구하신 단 한 가지는 화려한 제사가 아닌 순종이다. 순종으로 믿음을 증명하는 예배가 우리가 드릴 거룩한 영적 예배다. (삼상 15:22, 로마서12:1)

262 선교는 순종이다12
순종이 믿음이다. 믿음은 순종으로 시작해 순종으로 사시다가 순종으로 십자가를 지시고 부활하신 예수 그리스도의 초청에 내가 순종하여, 그분을 나의 주와 구주로 영접하고 그의 말씀에 순종하며 사는 것이다.

묵상

년 월 일

263 선교는 순종이다 13

순종은 먼저 즐거움으로 나 자신에게 해야 한다. 자신에게 하는 순종이 가장 어렵다. 내 자신에게 순종하고 있다는 첫 번째 증거는 잠을 줄이고 시간을 소중이 여기는 것으로 나타난다. 자신에게 순종하지 않았을 때 후회라고 하는 열매를 거두게 된다.

년   월   일

배움을 주신 선교사님

전영상 선교사

(GMS 중국 동남아 선교사)

내가 정도연 선교사님을 처음으로 만난 것은 11년 전의 일이다. 물론 그 이전에도 사역관계로 치앙마이를 방문한 적이 있었지만 그때는 정선교사님에 대해서 전혀 알지 못했었다. 그런데 내가 사역하고 있던 현장에서 갑자기 이동해야 하는 사건이 발생했다. 새로운 사역을 어디에서 시작할 것인가를 고민하다가 치앙마이에 도착을 했는데, 당시에는 이곳은 나의 최종 사역지가 아니라 잠시 머물다가 주께서 인도해 주시는 새로운 곳으로 떠날 계획을 가지고 왔었다.

어느 날 정선교사님 내외분이 우리 부부를 이곳 치앙마이의 최고의 식당에서 접대해 주셨다. 당시 우리 부부의 상황을 생각해 볼 때 너무나 고맙고 감사했는데, 나중에 알고 보니 식사를 접대 받은 사람은 우리 부부 뿐만 아니라, 이곳에 처음 오시는 많은 선교사님들이 정선교사님으로부터 식사 접대와 동시에 치앙마이의 선교지 상황에 대해서도 소개를 들었다는 사실을 알게 되었다. 이곳에 온지 3개월째 되었을 때 정선교사님께서 북부탐방을 함께 하자고 제의를 하셔서 당시 나와 비슷한 상황 중에 있었던 선교사님과 함께 북부탐방겸, 정선교사님의 사역 현장들을 돌아보는 시간을 가졌는데 충격과 도전을 받았다.

먼저는 목사님의 사역의 현장이 대단히 광범위한 지역에 펼쳐져 있다는 사실이었고 또한 사역의 다양성이었다. 그 아름다운 사역 현장에 수많은 청소년들이 공동체를 이루며 생활하고 있는 모습은 한 폭의 아름다운 그림이었다. 선교사들은 일반적으로 자신들의 사역을 숨기고자 하는 경향이 있는데, 정도연선교사님은 가능한 거의 모든 자신의 사역의 내용들을 공개해 주셨다. 대단히 짧은 시간에 정선교사님의 30년 사역의 노하우의 현장들을 보고 배울 수 있었다는 것은 우리 부부에게 있어서 큰 축복이었다고 생각한다.

두 번째 충격은 북부지역에 화교들의 마을과 학교와 교회들이 적지 않게 많다는, 사실과 화교권의 학생들뿐만 아니라 소수민족의 청소년들까지도 어린 시절부터 열정적으로 중국어를 배우고 있는 모습을 보면서 사역의 작은 실마리를 붙잡을 수 있었다.

하지만 내 마음 속에는 여전이 이전의 사역지에 대한 미련이 남아 있어서 수차례 왕래를 하면서 사역을 했었다. 그러한 상황에 있을 때 정선교사님께서 몽족공동체 기숙사 사역현장을 나에게 소개해 주셨다. 처음에는 잠시만 하고 중단하려고 했었는데, 작게 느껴지던 공동체의 사역을 계기로 헌신자들이 일어나면서 자연스럽게 주말의 언어학교가 시작되었고, 단기선교사들이 장기선교사로 헌신하는 놀라운 역사들이 일어났다. 공동체 사역을 계기로 나와 관계된 화교권의 선교의 문들이 열리고 소수민족 선교의 문들도 열리기 시작했다. 이 일을 계기로 그리고 이제 11년이 되는 이 순간까지 이곳에서 사역을 하고 있다.

이번에 선교사님께서 30년의 사역의 현장에서의 고뇌와 묵상을 담은 『선교란』 옥동자를 낳게 되셨는데 모든 선교후보생과 선교사님들에게 강력하게 권면하는 바이다.

- 11년 동안 예배의 지정석에서 영적대가족으로 섬겨주신 선교사님

몽족의 눈물

정 도 연

아직 약속의 땅을 정복하지 못했을까?

점령했으나 지키지 못했을까?

처음부터 분배받지 못했을까?

저들은 유다 지파에 의지한다

바벨 이후 중국 라오스 베트남 미얀마 태국

공동체의 흔적을 이어오다

강한 미국편에 서면 꿈꾸던 왕국 세울 수 있을까

피 뿌리며 정글을 누볐건만 이역만리 생이별이었다

미국 캐나다 호주 프랑스 서방까지

뿔뿔이 흩어져 분배 받을 기업을 찾아 헤매는

그들의 발길 어디에도 저들의 가나안은 보이지 않고

언제가 왕이 너희를 찾아 올 것이라는

가물거리는 전설이 꿈을 꾸게 했을까

흩어진 언어들이 치앙마이에 모여

왕을 부르고 가르치고 찾는다

"우리의 왕국은 하나님 나라에 있습니다

우리의 왕은 예수 그리스도입니다"

외치는 합창은 비가 되어 메콩의 깊은 정글로 스민다

산화되지 못한 전우의 피가 기다리는

그 우거진 밀림을 찾아가려나 보다

264 선교는 세상이 알아주기를 바라거나 보상을 바라서 하는 일이 아니다. 나의 모든 것을 다 투자한다 할지라도 내가 소유권을 주장할 수 있는 일도 아니다. 땀 흘려 일하는 틈틈이 전하는 성경말씀을 통해 저들이 예수 그리스도를 깨달아가는 것에 작은 기쁨을 맛보는 일이다. 그 일을 통해 저들의 기본 권리가 보호받고 그 나라의 통치를 받는 것에 감사하면 되는 일, 그래서 더욱 신실하게 충성해야하는 일들이다.

265 부족함이 삐뚫어진 생각보다 낫고, 어린아이가 성숙하지 못한 어른보다 더 많이 쓰임 받으며, 초라해 보이는 순종이 웅장한 제사보다 낫고, 지정석을 지키는 것이 화려한 명성을 얻음보다 더 영광되며, 부끄러운 진실이 당당한 위선보다 강하다는 것을 체험하는 현장이다.

266 단기로 선교현장에서 봉사하고 있는 젊은 형제자매들에게 "고생한다, 힘들지, 어려움이 많지" 라는 말보다는 "어린 나이에 장하다, 대단하다, 훌륭하다, 사위, 며느리 삼고 싶다, 우리아이도 보내야겠

년   월   일

다."라는 말이 더 도움이 된다.

267 선교사는 이웃과 사회와 이 시대의 실수와 죄와 불행을 자신의 일처럼 아파하고 괴로워하며 주님께 간구하는 자들이다. (계3:20)

268 예수님께서 우리 식탁에 앉는 것이 아니라 우리가 예수님 식탁에 앉는 것이다.

269 훈련을 권하고 설명해 줄 수는 있어도 다른 사람이 대신 해 줄 순 없듯, 선교사들의 영성 관리는 자신이 해야 한다. 세미나, 수련회, 선교대회가 대신해 줄 수 없다.

270 사람의 일과 하나님의 일을 구분 할 수 있어야 하는 것이고, 자기공로의 유혹을 이겨야만 많은 동역자와 함께 더 멀리 갈 수 있는 길이다.

묵상

년 월 일

271 어려울 때, 세상 리더는 인간의 찬란한 지혜를 찾지만, 선교사는 어려울수록 미련해 보이는 십자가를 찾는 자이다. 인간의 생각은 하나님과 더욱 멀어지게 해 십자가를 사용해 볼 기회조차 주지 않는다. (고전1:18)

272 내가 잘나고 쓰임 받을 만한 자격을 갖추었기 때문이 아니고, 미련하고 어리석고 답답한 저들을 통해서만 내가 하나님 자녀에 어울리는 모습으로 변화가 가능하기에 보내어진 것이다. (고전1:27)

273 만남을 통해 깨달아가는 곳이다. 사람을 만나 인간론을, 자연을 만나 창조의 경이를, 원시를 만나 창조적 책임을, 문명을 만나 뿌리 깊은 죄의 사슬을, 그리고 그 순간순간마다 십자가의 의미를 만나는 것이다.

274 진리의 말씀이 자꾸 나의 생활에 파고들어 나의 계획을 흔들고 내 생각을 무너뜨리는 것을 체험해 가는 것이다. (요8:32)

묵상

년   월   일

275 어리석은 방황을 끝내고 하나님이 지정해 주신 자리가 가장 복되고 안전하고 평화로우며, 풍성한 삶의 위치로 알고 겸손하게 그 자리로 돌아가 질서를 지키며 사는 것이다.

276 세상의 화려한 지혜보다 십자가의 어리석어 보이는 삶이 훨씬 지혜롭고 행복하고 즐거우며, 의미 있는 인생이란 것을 세상 지혜를 추구하는 자들에게 보여주는 삶이다.

277 신사적, 매력적, 상식이 통하는 멋있는 사람들의 공동체이다. 세상은 그 우리 안에 갇혀서는 아무것도 할 수 없다고 하나, 복음은 그 안에 있기에 모든 것이 가능한 것이다. (빌4:13)

278 내가 사랑하는 하나님과 좀 더 친밀해지고 싶어서 그 하나님이 가장 좋아하시는 십자가를 전하고 십자가의 가르침을 실천하는 것이다.

묵상

년   월   일

279 부모님 앞에서 재롱부림이 전혀 어색하지 않는 어린아이처럼, 창조주 아버지 하나님 앞에서 조금 촌스러울지라도 재롱 한 번 떨고 사랑 듬뿍 받는 것이다.

280 이미 세워진 지도자들을 위해서는 배경이 되어야 하고 이제 세워져가는 제자들 앞에서는 모범이 되어야 하는 것이다. (고전11:1)

281 가장 말이 없지만 가장 많은 사랑과 긍휼이 실천되는 곳이고, 가장 조용하지만 가장 활발한 생명 운동이 펼쳐지는 곳이다.

282 내가 있을 때 드러난 결과보다 내가 떠난 다음에 맺힌 열매에 의해 알 수 있는 것이다. (히11:1)

283 일의 성취보다 주님을 더 깊이 알아가는 것이고, 대의명분보다 주님이 주신 것을 더 사랑하고 자랑스러워하며, 자기를 위하여 구제하

년   월   일

지 않고 십자가를 위해 긍휼을 베푸는 것이다.

284 선교는 절제하는 것이다. 절제란 자신의 권리보다 의무와 책임을 먼저 생각하는 것이고, 자유를 누림보다 사양하는 모습이다. 그 절제 속에 사랑과 겸손과 포용과 상대에 대한 배려가 담겨 있다.

285 곱씹으면 씹을수록 예수 이야기가 나오는 삶을 사는 자들의 현장이다.

286 세상의 모든 사람들이 예수 그리스도의 십자가를 분명하게 볼 수 있도록 확대경이 되는 삶이다.

287 내 아버지 하나님의 거룩한 이름과 우리 주 예수 그리스도의 십자가의 사랑과 부활의 승리, 이 땅에 거룩한 그리스도의 몸 된 교회를 세우신 성령 하나님 때문에 살아가는 것이다.

년   월   일

288 하나님만을 무한한 자원으로 고백하고 사용하며 사는 삶이다. (고전3:22-23)

289 복의 근원이 되어 땅의 모든 족속이 나를 인하여 하나님 자녀 되는 복을 얻게 하는 삶이다. 하나님께서 그의 자녀를 축복하는 자를 축복하시고 저주하는 자를 저주하신다고 하셨으니, 우리가 저주의 근원이 아닌 복의 근원이 되기 위해서는 섬김과 봉사를 통해 세상 모든 민족이 나를 축복하도록 해야 한다. (창12:1-3)

290 예수 그리스도의 증인 된 삶이란 목표와 함께, 주어진 권리와 의무와 책임 중에서 당연히 누릴 수 있는 권리를 포기하고 목표를 향한 의무와 책임에 충성하는 진정한 자유인의 삶이다.

291 우리가 어떤 노력을 하기 전에 하나님께서 이미 우리를 빛으로 만드셨다는 것을 감사함으로 믿고, 나를 산꼭대기와 높은 등경 위에

년   월   일

두어 어둠을 비치는 삶이다. 얼마나 강력한 빛이냐 약한 빛이냐는 중요하지 않다. 아무리 강한 빛도 사발로 덮으면 캄캄하지만, 아주 약한 빛일지라도 높이 들리면 구석구석을 비추고 아무리 희미한 빛이라도 캄캄한 어둠에 가면 밝은 빛이다. (마5:16)

292 하나님께서 우리에게 주신 택하신 족속, 왕 같은 제사장, 거룩한 백성, 소유된 백성의 지위와 신분으로 모든 사람을 긍휼히 여겨 하나님의 아름다운 덕을 선포하게 하는 것이다. (벧전2:9-10)

293 우리가 비록 왕 같은 제사장이란 영적 높은 자리와 지위에 있을지라도, 왕이나 제사장의 권리와 정욕을 제어해야 하나님의 선을 행할 수 있는 것이다. 우리의 권리를 자제해야 될 이유는 우리의 노력이나 선행이 아닌, 하나님께서 우리의 신분과 지위를 하나님 수준으로 높여 주셨기 때문이다. (벧전2:11)

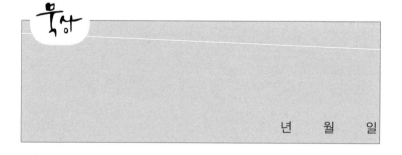

묵상

년   월   일

294 선교는 간증을 만들어 가는 삶이다. 우리의 이야기를 듣는 이가 위화감을 느낀다면 개인의 자랑이지만, 위로와 해결을 얻었다면 하나님의 영광이다. 간증은 예수 그리스도의 십자가가 주제이며 목적은 하나님의 영광이다.

295 하나님께 받은 은사로 섬기는 영혼과 공동체를 평안하게 해주는 것이다. 자신의 은사가 아무리 은혜롭다 할지라도, 역사 가운데 세워진 기존의 질서나 분위기를 배려하지 않고 이야기하고 행동하는 것은 영적교만이다.

296 안팎으로 두 가지를 이기는 것이다. 먼저는 내 안에 있는 작은 악을 이겨야 하고, 그 다음으로는 화려하게 진리를 말하고 충성스런 자처럼 거들먹거리지만 십자가 앞에 변화된 행동이나 실천 없이 기득권을 고집하며 십자가의 도와는 무관하게 살아가는 바리새인의 위선과 맞서 싸우는 것이다.

묵상

년 월 일

297 율법이나 계명보다 덕을 먼저 생각하고 행동하지만 그 모든 덕을 세우는 목표는 언제나 예수 그리스도의 십자가를 전하는 것이다. (벧후1:5-8)

298 십자가 복음의 자유함으로 남의 양심을 구속하지도 않지만, 남의 양심을 의식해 내 안에 있는 십자가 복음의 자유가 구속받지도 않는 것이다. (고전10:23-33)

299 세상 사람들이 우러르고 감동할 만한 모습이 없을지라도, 주어진 삶의 멍에를 메고 허덕이면서도 결코 십자가의 길을 포기하지 않고 가는 것이다.

300 선교는 현지 영혼이란 남자를 사랑해서 결혼한 것이고, 결혼했기에 아이를 잉태하고 낳아 길러가는 과정 속에, 그가 살아가는 그 땅을 민망하게 여기며 부모가 되어가는 것이다.

년   월   일

301 선교사나 후원자, 또는 협력하는 교회나 단체가 이름을 남기고 영웅이 되는 일이나 사역이 아니다. 오직 이방 영혼이 예수 그리스도의 십자가로 변화되고, 그 땅에 사랑의 하나님의 위로와 통치가 임하도록 하는 영광스러운 일에 우리가 쓰임 받은 것이다.

302 탐스럽고 좋은 열매는 시장으로 내어가고 정작 본인의 식탁에는 늘 벌레 먹고 못생긴 열매만 올려져 있는 농부이다. **선교는** 쓸 만한 아이, 갈 곳이 있는 아이는 다 떠나고 갈 곳도, 떠날 수도 없는 아이들을 데리고 지정석을 지키며 다시 희망을 세워가는 것이다.

303 **선교는** 시간과 같다. 지나간 시간이 삶의 평안과 행복을 더해주는 추억이 되어 그리워지는 시간이 될 것인지, 후회가 되어 가슴 한 켠을 짓누르는 아픔으로 고통스럽게 다가오는 시간일지, 그 선택을 그때가 아닌 오늘 하는 것이다.

묵상

년   월   일

304 선교는 예수 그리스도의 십자가의 사랑만을 유익으로 남기는 말이고, 예언이고, 비밀이고, 지식이고, 믿음이며, 구제이고, 희생이다. (고전13:1-3)

305 선교는 '하나님 나라는 어떤 나라일까?', '도대체 그 나라를 가르치고 전한다는 선교란 무엇일까? ', '지금 내가 하고 있는 일들의 목적과 주제가 예수 그리스도이시고 그분이 주인이신가?' 아니면 '내가 그 주인의 자리에 앉아 있는가?'를 묵상하면서 하루를 시작하는 것이다.

306 선교는 주위에 여전히 고독과 두려움의 그림자가 남아 있을지라도 약간은 버겁고 힘들다고 생각되는 목표를 세우고, 아직 계발되지 않은 나를 개발해 가는 노력을 멈추지 않는 것이다.

307 선교는 흔들리지만 무너지지 않는 것이다. **선교는** 늘 흔들림 속에 빈 곳을 채우며 왔다. 오늘 나와 공동체가 흔들림을 당하는 것

묵상

년   월   일

은 나와 우리 공동체를 견고케 하시려는 주님의 일하심이 있다는 것이다.

308 선교는 예수 그리스도의 십자가의 사랑을 전하는 것이어서 결코 후회가 없는 것이다. 만약 선교의 행위들 중에서 후회스러운 것이 있다면 그것은 우리 주님의 십자가의 사랑이 아닌 것들이다.

309 선교는 사람이 필요한 것이다. 영혼을 담고 있는 사람에게 필요한 모든 것도 동시에 필요한 것이다.

310 악은 두목 하나를 위해 모든 졸개들을 사지로 몰아 넣지만, 십자가는 두목 한 사람의 희생으로 공동체의 모든 갈등을 치유하셨고, 서로 사랑할 수 있게 하셨으며 죽어가는 생명들을 살리셨다는 사실을 들려주고 그러한 삶을 보여주는 것이다.

묵상

년   월   일

생명의 선교

최금림 권사

'선교란' 책을 완성하신 정도연선교사님 진심으로 축하드립니다.

처음 정도연 선교사님을 만났을 때 나는 선교사가 무슨 일을 하는지 제대로 알지 못했다. 센터의 건물주로 오해한 적도 있을 정도였다. 얼마 후 선교사님은 자녀 유학으로 오는 몇몇 한인들을 대상으로 목회를 시작하였고, 한인교회담임목사로 태국 현지 선교사로 언제나 분주한 생활을 하게 되셨다.

한인교회 성도들에게 디아스포라로 이방인의 삶 가운데 각자에게 맡겨진 선교사의 소명을 다하며 살아가길 원하셨다. 그렇게 양육되어진 우리들은 '선교란' 선교사님의 소회가 담겨진 짧은 글 안의 희노애락을 이해 할 수 있었다.

정도연 선교사님의 선교는 생명으로 바꾸어도 무방하다.

생명에 대한 선교사님의 열정은 교육으로 이어져, 한국의 학원가를 누비는 치맛바람 못지않은 그를 바짓바람이라고 우스갯소리를 하기도 했다. 소수민족 아이들의 학교 성적을 꿰뚫고 학업 성취의 동기부여를 위해 부단히 노력하는 선교사님을 보며 선교사는 교육자임을 알 수 있었다. 그 덕분에 메콩강 공동체 자녀들은 학교 내에서도 바른 신앙관과 함께 우수한 성적으로 공동체의 미래를 밝혀 주고 있다. 공동체 자녀들이 단순히 선교 대상으로만 되어지는 상황에 불같이 분노하는 모습, 바리새인의 모습으로 현지인들을 바라보지 않으려고 부단히 노력하는 모습을 통해 진정한 사랑의 실천을 볼 수 있었다. 생명에 대한 사랑이 언제나 평화롭지만은 않았다. 때때로 안타깝고 실망스런 생명들로 인해 무력해지는 고비마다 딛고 일어서는 선교사님의 모습은, 적당히 머물러 있기를 좀처럼 용납하지 못하는 모습이었다.

치앙마이를 떠난 성도들은 특별했던 그 곳의 추억을 정기적인 모임을 통해 함께 나누고 있다. 아이들의 선한 작은 행동에도 감동하며 바로 이어지는 선교사님과의 맥도날드 동행을 자주 보았던 우리들은, 모임의 이름을 '맥도날드'라 정했다.

아버지로 선생님으로 인생의 선배로 그들과 함께 걸어오신 30여년의 시간들, 앞으로의 시간들, 그 좁은 길 끝에는 찬란한 주님의 영광만이 드러나길 우리들은 소망하며 기도한다. 이 순간에도 메콩강 소년의 마음으로 생명을 향해 예수님의 사랑을 실천하며 살아가는 정도연선교사님께 존경과 응원을 보낸다.

- 13년간 함께 영적대가족으로 살다가 한국으로 가신 권사님

그리움

정 도 연

김밥 한 줄로는 턱없이 부족한
허전한 속을 달래려 편지를 쓴다
자판이 작다는 핑계로 '아들아'
라고 시작했더니 소시지 빠진 김밥 같다

다시 '사랑하는 아들아!'라고 고쳐 써본다
어디 숨어 있었는지 뜨뜻한 액체가 두 눈에 스미고
코끝으로 연분홍 작은 통증이 알싸하게 고여 든다

행여 임진강으로 떨어져
필승교 수위 올라갈까
애써 닦아 내는데
차칭 두드리는 빗소리는 더욱 세차다

오늘밤 그 망루 앞 검붉은 강물 위로
빠마이와 메짠 하늘을 수놓던 은하수가
곱게 뿌려지길 바랐건만……

자판에 그린 그리움만 깨톡으로 날린다

선교는 삶이다 IV

311 선교는 예수 그리스도를 향하여 선 질서이다. 그 질서를 위해 자기의 은사는 물론 사랑의 열정과, 민망히 여기는 감정까지도 절제하며 조화를 이루어, 세워진 덕이 예수 그리스도의 품위를 나타내는 것이다. (고전14:40)

312 선교는 크게 실망을 반복했다가도 아주 작은 감동 하나에 흐트러진 사랑을 다시 추스르는 것이다. 모두들 어리석은 짓이고 손해라고 하지만 여전히 희망이 나오는 계산법이 예수님의 십자가 사랑법이다.

313 선교는 초점을 가까운 화려함에 두지 않고 먼 곳, 그래서 내가 그 영광의 순간에 함께 할 수 없는 곳에 맞추어 바라보고 계획하고 준비하고 하나씩 실천해가는 것이다. 사실 가까이 있는 화려한 영광이란 진정 내가 추구한 것이 아닌 신기루와 같은 것일 수 있다.

314 선교는 내가 리더가 되어 일할 수도 있지만 이미 세워진 리더

년   월   일

가 자기에게 맡겨진 역할에 더욱 신실하게 충성 할 수 있도록, 한 걸음 물러서 그 사람의 배경이 되어 섬기는 것이다. 그 겸손한 섬김의 자세가 새로운 리더를 양육하고 세우는데 사용되어진다.

315 선교는 내 의지와 관계없이 가야하는 곳이고 해야 하는 일이다. 그래서 기도의 응답이라는 성취감을 맛보는 것 보다는 당황스러운 순간들이 더 많지만, 결코 그 현장을 떠나고 그 일을 버릴 수 없는 것이다.

316 선교는 선포하여 듣게 하고 가르치며 보여주어야 할 십자가의 진리는 오직 하나인데, 이것을 의심하여 믿지 못하게 하는 수많은 유혹을 이겨내는 길이다.

317 인간은 보이고 들리고 느껴지는 대상을 상대로 보여지고 들려지고 느껴지도록 일한다. 그러나 하나님께서는 인간은 생각도 할 수 없는 과거와 현재와 미래와 온 우주를 대상으로, 그의 뜻과 계획을 차

묵상

년   월   일

질 없이 섭리해 가시는 일에 피조물인 나를 사용하시는 것이다.

318 나는 누군가가 이루어 놓은 것 위에서 그의 약한 부분을 보충하기 위해 부름 받았다. 당신 역시 나의 작은 성취위에 서서 내가 보지 못하고 느끼지 못한 일을 위해, 그리고 나의 약함과 허물 때문에 하나님의 일이 세상의 악한 자들의 도전을 받을 때, 그 약함을 보충하기 위한 거룩한 일을 위해 부름 받은 것이다.

319 나는 아무리 발버둥을 치며 노력해도 여전히 미완성을 남기지만, **선교는** 하나님께서 이런 나를 사용해 성숙하고, 풍성하며, 완전하고 온전한 하나님의 나라를 자신의 뜻에 따라 세워 가시는 과정이다.

320 세상은 서로의 유익을 주고받는 관계이지만, **선교는** 진실을 믿고 같이 울어주고 웃어주고 기뻐해주고 마음껏 울 때까지 가만히 옆에 있어주는 것이다. 친구처럼, 애인처럼, 엄마처럼.

년   월   일

321 **선교는** 오직 은혜다. 죄로 오염된 불량품인 내가 선택받고 부름 받아 그 부름에 순종함이 은혜이고, 예수 그리스도의 십자가의 사랑을 믿고 그 명령을 따라 십자가의 복음을 전하는 것이 은혜이며, 지금까지 별 사고 없이 인생의 하이웨이를 안전하게 달려왔다는 것이 하나님의 은혜였음을 깨닫는 것, 그것이 은혜다.

322 **선교는** 여유를 누릴 수는 있어도 게으름을 피워서는 안 되는 일이다. 여유란 해야 할 일을 먼저 끝내고 나머지 시간을 누리는 것이고, 게으름이란 마땅히 해야 할 일을 뒤로 미루어놓은 채 먼저 내가 하고 싶은 것을 하며 시간을 보내는 것이다.

323 **선교는** 크고 위대하고 원대한 꿈과 비전을 이야기하고 세워가는 것이 아니다. 좋은 꿈, 아름다운 꿈, 예쁜 꿈, 맑은 꿈, 착한 꿈, 소박한 꿈을 노래하고 실천해 가는 것이다.

년   월   일

324 선교는 믿음으로 시작하는 일이다. 계획을 세우고 홍보하고 투자받아 시작하는 일이 아니다. 믿음으로 하는 일에는 하나님의 뜻을 남기지만 투자받아 하는 일은 투자자의 뜻을 남긴다.

325 육체의 지혜로 행하지 않고 하나님의 거룩함과 진실함과 하나님의 은혜로 행하는 것이다. 거룩함은 죄와는 구별되고 의와 진리로 충만하여 헌신 된 것이며, 진실함은 동기의 순수함이 세월 속에서도 변하지 않는 것, 이것이 은혜다. (고후1:12)

326 세상이 인정해주는 것이 자랑이 아니다. 나의 양심의 증언이 나의 자랑이 되고, 동역하는 현지인이 나의 자랑이 되며, 나의 양심의 증언이 나와 동역하는 현지인의 자랑이 되는 일이다. (고후1:12-14)

327 선교는 나의 기쁨과 만족을 위해 현지인의 믿음과 그곳 문화의 주관자가 되는 것이 아니다. 오직 저들이 믿음 안에서 자존감을 회

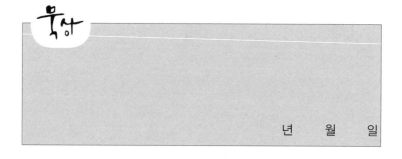

년   월   일

복하고 스스로를 책임지며 즐거워하도록 저들의 기쁨을 돕는 자가 되는 것이다. (고후1:24)

328 선교사는 자기 삶에 직면한 여러 문제에 대한 원인을 외부에서 찾기보다 내부로부터 찾아야 한다. 자기가 직면한 문제의 원인을 외부에서 찾으면 고난당한 의인이 되어 교만하게 될 수 있지만, 자기 안에서 찾게 되면 자신을 거룩한 습관과 문화에로 변화시켜 가는 동기를 만들어 낼 수 있다.

329 선교사는 예수 그리스도를 나의 구주와 주인으로 고백하고 영접한 자! 하나님의 말씀인 성경을 예수 그리스도 중심으로 보고 이해한 자! 예수 그리스도가 기준이 된 세계관으로 역사를 이해하고 바라보는 자! 예수 그리스도가 인류의 구주이고 진정한 왕이라고 선포하고 가르치며 그에 합당한 삶을 사는 자이다.

묵상

년   월   일

330 선교사는 자신은 물론 다른 사람에 대해서도 겉모습으로 평가하지 않고, 그에게 담겨 있는 내용으로 그 가치를 평가 할 수 있는 거룩한 습관이 있는 자여야 한다. 이런 사람은 그릇이 아닌 그릇에 담겨진 내용에 대한 자존감이 주는 통찰력과 담대함이 있다. (고후5:1-10)

331 선교사는 십자가의 은혜로 말미암아 영적으로 거듭났지만, 육적으로는 아직 과거 습관으로부터 매일 하나님의 자녀다운 모습으로 변화를 추구하는 자다. 그래서 복음을 전하는 과정 속에 자신이 먼저 복음의 온전한 통치 아래 살기를 사모한다.

332 선교사는 하나님께서 그리스도 안에서 이루신 화목을 간청하고 선포하고 실천하는 새 사람이다. 이를 위해 하나님께서 우리에게 화목하게 하는 사신의 직분을 주시고, 그들의 죄를 그들에게 돌리지 않겠다는 화목하게 하라는 말씀을 부탁하셨다. (고후5:17-21)

묵상

년   월   일

333 선교사는 함께하는 사람에게 충성하고 신실하여 그들의 마음을 시원하게 해주는 사람이다. 선교사는 큰 소명을 받아 위대한 사명을 가지고 크고 놀라운 일을 이루는 사람이 아니다.

334 향기로운 꽃의 배경에 흙이 있고, 별들은 어둠의 배경 위에서 빛나듯이 선교사는 섬기는 현지 영혼들이 하나님 나라는 물론, 이 세상에서도 빛나는 스타가 되도록 기꺼이 저들의 배경이 되는 것을 즐거워하고 기뻐하는 자이다.

335 선교사는 자신이 하는 일을 물질적(세속적) 가치로 평가하지 않는 자이며, 그 일을 해 가는 과정을 즐기는 자이고, 그렇게 얻어진 일의 결과는 혼자 독점하지 않고 공유하는 자여야 한다. 결과에 대해 독점하고 싶은 욕심이 기독교를 부패시켜 왔다.

336 선교사는 아무런 일이 없고 특별한 임무나 직책이 주어지지 않

묵상

년   월   일

아도, 하나님께 예배하고 기도하고 찬양하는 거룩한 문화를 가진 자여야 한다. 자기 주도적 사역 속에서만 예배, 헌신, 순종이 가능한 사람은 종은 될지언정 충성스런 사자는 될 수 없다. 종은 주인의 시야가 미치는 범위 안에서 주인이 시키는 일만 하는 자이지만, 사자는 주인의 명령과 그 속에 담긴 주인의 생각과 마음까지 헤아려, 주인의 시야와 감독이 없는 곳에서도 신실하게 지키고 완수해 내는 자이다. (잠 25:13)

337 선교사는 욕심을 통제할 수 있는 자여야 한다. 욕심은 심지 않은 데서 거두기를 원하고 적게 심고 많이 거두기를 바라며, 제 철이 아닌 열매를 거두고 싶어 한다. 상승작용을 내도록 협력해야 함에도 독점하려 하고, 처음 목적한대로 사용하기를 주저하며 목적대로 사용 했을지라도 유익을 기대하고 보상을 바라는 마음이다.

338 선교사는 자기 능력의 한계를 인정하는 자여야 한다. 남의 수고를 가지고 분수 이상의 자랑을 하지 않고, 하나님이 나누어주신 범

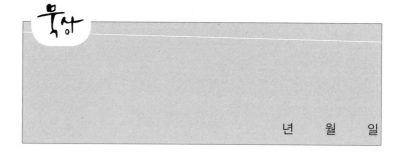

묵상

년   월   일

위의 한계를 따라 충성하고 주 안에서 자랑할 수 있는 자여야 한다. (고후10:13-17)

339 선교사는 사람을 사랑하고 섬기고 사람에게 헌신해야 하지만 기대하거나 보상을 바라지 않는 자여야 한다. 사랑에 대한 기대가 십자가의 복음을 오해하게 할 수도 있고, 선한 노력의 결과에 불편한 감정의 찌꺼기를 만들어 갈 수도 있다.

340 선교사는 스스로 자기를 칭찬하는 자가 아닌 오직 주님의 칭찬을 바라는 자여야 한다. 하나님께 칭찬 받는 길은 어떤 업적을 가지고는 불가능하고 최선을 다해 신실하게 충성했을지라도, 내 삶에는 칭찬 받을 만한 일이 아무것도 없다고 고백할 때 열리는 길이다. (고후10:18)

341 선교사는 자신이 경영적 능력을 가진 담임목사 같은 리더로 부름 받았는지, 담임목사를 도와 맡겨진 일을 해나가는 부목사와 같은

묵상

년   월   일

직분으로 부름 받았는지를 알아야 한다. 하나님은 모든 사람을 다 담임목사로 부르지 않았기 때문이다. (엡 4:11)

342 선교사는 부담지는 것을 즐거워해야 한다. 부담이란, 책임과 의무가 있는 존재라면 누구나 소유한 거룩한 감정이고 실천덕목이다. 그러므로 부담을 지지 않겠다는 것은 책임과 의무는 싫고 그 자리가 주는 유익은 누리겠다는 것으로, 이미 함께 한 다른 존재들에게 커다란 부담을 주는 결과가 된다. 부담 지지 않는 자세를 이기적이라고 한다.

343 선교사는 크고 위대한 일보다는 작고 보잘 것 없는 일에 열정을 품고 최선을 다하는 자여야 한다. 크고 위대한 일이라 생각되는 것은 이미 시작되어 진행되고 있다. 지금 내가 부름 받은 것은 그 진행 과정 속에 남아 있는 아주 소소한 부분을 위해서이다. (갈 6:2)

344 선교사는 사람들로부터 인기를 얻으려는 욕심과 유혹을 이길

년   월   일

수 있어야 한다. 선교사는 사람을 기쁘게 하려는 자가 아니고, 오직 마음을 감찰하시는 하나님을 기쁘시게 하는 자로 부름 받았기 때문이다.(살전2:4) 이런 사람은 고통스런 내적 갈등의 과정을 겪어야 하지만 그를 통한 향기는 맑고 순수한 영혼들에게 위로가 된다.

345 선교사는 열정적이기 보다 순종하는 자여야 한다. 열정은 이해됐기에 나타나는 감정의 산물이고, 자기 영광이라는 검증되지 않은 결과가 주는 유혹이다. 하지만 순종은 이해할 수 없을지라도 순종의 대상에 대한 믿음으로 실천하고 행동하는 과정이다. 열정의 대상은 드러나지 않아 불확실 하여 우리의 열정을 동원해야하는 존재지만, 순종의 대상은 항상 우리 주변에 살아 계시며 우리를 사랑하시기에 자신을 희생하시는 분이시다. 열정의 결과는 자기 자랑, 후회, 원망, 아쉬움, 허탈이지만 순종의 결과는 깨달음, 감사, 만족, 희망, 평화이다.

346 선교사는 일이 있는 곳으로 가는 사람이 아니다. 부름 받아 간

년   월   일

곳에서 나에게 맡겨진 일을 즐거워하는 자이다. 하나님께서는 우리가 해야 할 일이 있어서 우리를 부르신 것이 아니다. 우리를 부르심으로 부름 받은 우리에게 하나님 앞에서 즐거워 할 수 있는 일을 맡겨주신 것이다.

347 선교사는 과정만이 유일한 나의 것이고 결과는 내 것이 아니라는 마음의 자세로 사는 자여야 한다. 변변찮은 과정을 거쳐놓고 위대한 결과를 바라는 것은 세상에서도 악이라고 한다.

348 선교사는 삶의 기본적인 질서를 이해하고 지킬 줄 아는 자여야 한다. 복음은 무너진 창조의 질서를 회복하는 것이다. 선교사이기 때문에 생각하고 행하는 것들이 정의와 진리의 기준에 더 우선한다는 착각으로, 자기 편리한대로 사는 선교사들의 삶이 그 사회를 더욱 혼란스럽게 한다.

묵상

년   월   일

349 선교는 하나님의 영광이다. 내 생각, 내가 보고 판단하는 것에 하나님의 이름이 있는가, 하나님의 이름을 내세워 내 이름의 유익이 먼저인가, 판단하기가 쉽지 않다. 편리한 과정과 확인 가능한 결과를 원하고 선택했는지, 아니면 호응이 없는 시작과 긴 과정일지라도 자신의 변화를 우선하였는지, 묵상해 보아야 한다. 우리 여호와 하나님은 환호하는 군중 속에 계시지 않고 순종하는 의인과 함께 계신다. 의인의 순종은 '왜, 어떻게 하느냐'고 하나님께 묻기보다, 자신을 향해 끝없이 되물으며 순종의 이유와 방법을 깨달을 때마다 그분의 이름을 찬양한다. 그 길에 하나님의 이름이 영광으로 비췬다. (고전13:31)

묵상

년 월 일

기은교회의 역사입니다

김 종 인

(장성 기은교회 담임목사)

정선교사님의 메콩강공동체의 30여년 역사는 기은교회의 역사와 같습니다.

기은교회 개척 시기 학생 10여명과 청년 몇 명으로 시작하였지만, 선교사님의 열정 하나로 가방 하나들고 메콩강에 들어가시는 것에 감동하여 저희는 일만원 후원을 하였습니다. 그러나 일만원은 저희 교회 예산에 3/1 이었답니다. 저희 교회는 어차피 미자립 교회요 일만원 있어도 없어도 달라질게 없으니 말입니다.

정선교사님의 시역은 점점 확장 되었고 저희가 보내는 물질은 작은 것이었지만, 선교의 동역자로 기도의 동역자로, 늘 동역자 의식을 가짐에 감사 하였고, 정선교사님 사역과 사역자들이 기은교회에 기도와 작은 후원에 감사하며 들려오는 선교 소식에 감동 하였고, 그런 가운데 기은교회도 농촌교회로서 덩달아 자리 매김을 할 수 있었습니다.

오늘 메콩강공동체 30년에 '선교란' 단상에 격려와 축하보다는 우리 기은교회가 이 메콩강공동체 통해 받은 위로와 격려, 축복에 감사드립니다.

- 선교시작부터 현재까지, 동역자이자 친구

재

정 도 연

그래, 다 타버려라

훨훨 타오르는 불로

시원하게도 태워 버렸구나

태워 버려라

대나무와 갈대가 타듯

너희들의 문화 속에 흐르는

그 저주스런 타락한 성문화도 태워 버리고

식기가 타고

냉장고가 폭발하는 동안

그 안에 묻어 있는

너희들의

그 찌든 게으름과 나태함도 함께 폭발 시켜버려라

쓸어 버리자꾸나

타버린 재를 치우듯

타버린 우리의 죄를 치워버리자.

모든 것을 태워버린 후에 온

이 시원함과 통쾌함을 맛보자꾸나

어떻게

이 고요와 평화가 있을 수 있겠니

모든 것이 다 타버린 후에야

올 수 있는 것이 아니겠어?

(빠마이 공동체 부엌과 식당이 불에 전소되었다. 형들이 치앙라이로 체육대회에 가고 없는 사이 1학년짜리 두 아이들이 고구마를 구워 먹고 난 후 불씨를 끄지 않은 것이 원인이 되어 대나무와 갈대로 된 건물은 순식간에 불길에 휩싸여 어떻게 손 쓸 겨를도 없이 다 타 버리고 말았다. 행여 남은 것이 있나 새까맣게 타버린 잿더미 속을 뒤져 보았으나 남은 것은 아무 것도 없었다. 아이들의 식기는 물론, 솥과 부엌도구 일체와 냉장고, 정수기까지 모두 타버렸다. 메짠 공동체에서 올라온 아이들과 잿더미를 치우던 나는 이렇게 중얼거려 보았다. 2001년 1월 24일.)

350 선교는 영과 육의 총체적 재생산의 현장이다. 전도자의 기도와 사랑의 헌신에만 머물지 않고 회개하고 주께 돌아오는 새 생명이 있어야 하고, 그 생명이 정복하고 다스려가는 삶의 모든 곳에서 건강한 변화가 일어나도록 해야 한다.

351 선교는 다양한 특성을 가진 조직과 단체를 만들고 네트워크를 형성해가는 일보다는, 사람들이 배우고 생각하고 건강하게 땀 흘려 일하는 환경을 만들어가는 것이다.

352 선교는 거룩하고 신비한 영적인 일이 많지만, 그 진행되는 역사는 건강하게 세상을 사는 사람은 누구나 쉽게 이해하고 동의 할 수 있는 일들을 통해 세워져가는 하나님의 나라의 일이다.

353 선교는 영적 쓰레기와 같다. 선교는 쓰레기 원리와 비슷한 면이 많다. 쓰레기에는 재활용이 가능한 유기질 쓰레기와, 재활용이 어렵

묵상

년   월   일

고 오히려 독극물을 담고 있는 산업폐기물이 있다. 아무런 문명적 치장이 없을지라도 복음으로 겸손하기만 하면 유기질 비료가 되어, 그 땅을 기름지게 하는 영양분을 공급해 줄 수 있다. 그러나 다양한 문명의 준비를 갖추고 세상의 학문과 지식을 갖추었어도 순수 복음이 아니면, 그리고 낮아짐이 없으면 문명의 독성을 뿜어내는 산업폐기물이 되어 그 땅을 오염시킬 뿐이다.

354 선교는 높은 자, 강한 자, 있는 자보다 낮은 자, 약한 자, 가난한 자에게 더 신실하고 충성되게 행하는 것이다. '주의 성령이 내게 임하셨으니 이는 가난한 자에게 복음을 전하게 하시려고 내게 기름을 부으시고 나를 보내사 포로 된 자에게 자유를, 눈 먼 자에게 다시 보게 함을 전파하며 눌린 자를 자유케 하고 주의 은혜의 해를 전파하게 하려 하심이라 하였더라.'(눅4:18~19)

355 선교는 하나님의 자녀들이 세상 모든 족속의 복의 근원이 되

년   월   일

는 것이다. 그러기 위해서는 아직 하나님을 모르는 자들까지도 하나님의 백성들을 저주하지 않고 칭찬하고 축복할 수 있는 기독교인들의 삶이 되어야 한다. '내가 너로 큰 민족을 이루고 네게 복을 주어 네 이름을 창대케 하리니 너는 복이 될지라. 너를 축복하는 자에게는 내가 복을 내리고 너를 저주하는 자에게는 내가 저주하리니 땅의 모든 족속이 너로 말미암아 복을 얻을 것이라 하신지라'(창12:2-3)

356 선교사는 믿음, 은혜라는 말을 입에 달고 살지 않아도 기본적인 삶의 자세가 진실하고 성실한 사람이어야 한다.

357 선교는 질서의 하나님을 무질서한 세상에 보여주는 시청각 교육이다. 질서를 세우는 것은 자기의 강함을 절제하고 이웃의 약함을 세워줄 때 가능하다. 이것을 덕이라고 하고 그 덕 속에 화평이 있다.

358 선교는 도무지 갚을 수 없는 큰 빚을 탕감 받고 용서 받은 자

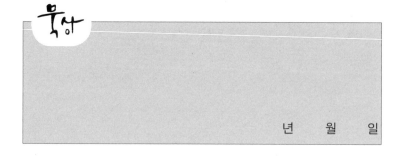

년   월   일

가 자기에게 작은 빚진 자를 용서하고 탕감해 주는 용서와 화해의 연쇄반응이다. '내가 너를 불쌍히 여김과 같이 너도 네 동료를 불쌍히 여김이 마땅하지 아니하냐.'(마18:33)

359 선교를 기능적 역할, 시대적 역할, 연륜적 역할로 나누어 그 쓰임을 생각해 볼 수 있다.

1. 선교의 기능적 역할(Functional role)은 개인전도, 교회개척, 제자훈련, 신학교, 직업훈련, 고아원, 장애아, 사역 등 직접적으로 복음을 전하고 가르치면서 하나님 나라를 세워가는 현장이다.

2. 선교의 시대적 역할(Historical role)은 전도와 교회개척이란 복음의 모판을 짧은 시간 안에 더욱 풍성하고 생명력 넘치게 하기 위해 마련한 다양한 대중집회, 각종 이벤트, 부흥회 등 한 시대에 쓰임 받은 전도나 영성, 제자 훈련 프로그램들이다.

3. 선교의 연륜적 역할(Experience role)은 한 지역에서 신실하게 기능적, 시대적 역할을 거치면서 이해하고 축적된 그 사회와 문화, 정치, 경제 전반

년   월   일

에 걸친 경험과 지식을 통해 뒤 따라오는 동역자들이 더욱 효과적으로 사역해 갈 수 있도록 이념과 철학을 세우고 방향을 제시하는 일들이다.

360 선교는 하나님 앞에서 예배의 지정석을 지키며 하나님 나라를 선포하고 가르치는 지혜이지, 세상의 영웅이 되는 비결을 가르치는 간교함이 아니다. 세상에는 지혜의 이름으로 그럴듯하게 포장했지만 내용은 간교함으로 꽉 찬 것들의 유혹이 난무하다. 하나님의 일은 하나님께서 보내신 예수를 영접하고 믿고 의지하는 것이고, 그것이 하나님 앞에서 우리의 유일한 착한 행실이라 하셨다. 우리의 그 착한 행실을 본 자들이 하늘에 계신 아버지께 영광을 돌리게 하는 것이 선교이지, 인간의 가능성을 자극하는 것은 복음이 아니다(마5:16, 요6:28-29).

361 선교는 소유의 조건이요, 의무요, 책임인 '나눔'을 먼저 실천하고 절제하며 사는 삶이다.

묵상

년   월   일

362 선교는 정직과 진실이다. 정직과 진실은 높은 자가 낮은 자에게, 가진 자가 가지지 못한 자에게, 지혜자가 지혜가 부족한 자에게, 하나님을 믿는 자가 하나님을 알지 못한 자 앞에서 먼저 실천해야 하는 하나님의 최종 시험이다. (창20)

363 선교는 하나님의 말씀으로 특별한 나를 찾고 발견하도록 하는 것이다. 다르다는 것은 남이 가지지 않은 것이 있다는 것이다. 하나님의 은혜는 남과 다른 나를 찾아 기뻐하지만 죄는 남과 같은 나를 찾으려 수고 할 뿐이다. 내 안에 있는 남과 다른 것이 하나님께서 부여하신 나만의 자존감이다.

364 선교는 사랑의 빛을 세상의 빛으로 밝히는 것이다.

365 선교가 제국주의의 도구가 되어서는 안 되지만 애국하는 일이어야 한다. 특히 복음이라는 이름으로 집행되는 물질의 사용에 있어

년   월   일

서 더욱 효율성을 고려해야 하는데, 그러려면 선교 현지의 유익은 물론이고 보내는 자들도 함께 사용이 가능한 사역이 되어야 한다.

366 선교는 받은 사랑을 나누는 것이다.

367 선교사, 목사는 사랑으로 섬기고 봉사하는 땀 흘림으로 받은 것들을 기쁨으로 섬기고 봉사하며 다시 나누는 자이다.

368 선교는 내가 할 수 있는 일이 있어서 가는 선교는 적응도 어려울 뿐 아니라 주변을 모두 불편하지만, 무엇이든지 맡겨진 일은 최선을 다해 하겠다는 자세로 가면 모두에게 필요한 존재가 될 수 있다. 이것을 깨닫는 기간이 길 뿐이지 이를 이해하고 실천 가능한 순간부터는 모든 것이 쉬워진다.

369 선교는 글을 쓰는 것이다. 그 땅의 문화와 역사, 일상적인 삶을

묵상

년   월   일

사실적으로 기록하고 자신의 매일의 묵상을 글로 정리해 나누어야 하는 것이다.

370 선교는 이해되었기에 순종하는 일이 아니라 순종의 대상의 지혜와 경륜과 선과 공의를 믿기에 행하는 것이다. 죄인은 의보다 악을 이해하는 것이 더 쉽고 공의보다 불의를 행하는 것이 더 편하며, 의의 길보다는 욕심을 따라 사는 것이 훨씬 더 익숙한 존재일 뿐이다.

371 선교는 조용한 선이고 겸손한 사랑이다. 월(越)나라에 패한 오(吳)나라의 '부차'가 월나라의 대장군 '범려'에게 말하기를 "나는 두 가지 실수를 했다. 하나는 내가 너무 오만해서 월나라를 소국(小國)이라고 얕본 것이고, 하나는 그래서 지나치게 선을 베푼 것이다" 오만(傲慢)과 선(善)의 얼굴은 비슷하다. 오만한 베풂은 선이 될 수 없으며 이기적 목적을 가진 구제는 사랑이 아니다. 위선된 선과 거짓된 사랑은 고난을 더욱 지치고 슬프게 하지만, 조용한 선과 겸손한 사랑에는 생명이 자

년   월   일

라고 소망이 호흡한다.

372 선교사는 내가 하고 싶은 일에 헌신하기보다, 내가 해야 할 일에 순종하는 자이다. 내가 하고 싶은 일에는 이미 많은 헌신자가 있지만, 내가 순종해야 하는 일에는 오직 나의 순종만을 기다리고 모든 것이 준비되어 있기 때문이다.

373 한 공동체를 세워가는 방법보다는 공동체를 포기하게 하는 방법이 훨씬 더 다양하다는 것을 기억하면, 공동체가 안고 있는 문제를 바라보는 관점이 달라질 수 있다.

374 한 공동체를 세우고 지키기 위한 의지와 노력이 있었을지라도 결과를 공유하지 못하고 책임과 의무에 대한 분배가 없으면 사실은 공동체란 이름으로 개인의 탐욕을 채워 온 것에 불과하다.

년   월   일

375 선교는 사람을 만나는 일이다. 선교지에서 꼭 만나서 동행해야 할 사람이 있다. 1. 존경하며 순종하고 섬겨야 할 어른을 만들어야 한다. 2. 경쟁관계이지만 마음을 나눌 수 있는 친구가 필요하다. 3. 나의 잠재 능력을 발휘할 대상이 주어져야 한다. 4. 내가 수고한 땀의 결과를 나누어 줄 대상을 찾아야 한다.

376 짐이 없어 22층에서부터 계단으로 걸어 내려왔다. 높은 층에서부터 내려오는 사람은 없었다. 층이 낮아질수록 계단에 깔아놓은 카펫이 더 많이 닳았다. 1층부터 4층까지는 아예 대리석으로 깔았다. 아! 삶이고 선교다!

377 선교는 상중의 상을 향해 가는 것이다. 내 걸린 상이 궁극적 목적이 아님을 깨달은 사람은 상을 통해 자기 변화와 성숙을 이룰 수 있다. 진정한 목적은 상이란 목표를 향해 가는 과정 속에 있다. 상장과 상품은 경쟁에서 승리했을 때 누군가 내게 주는 것이지만, 변화와 성숙

년   월   일

은 내가 나에게 줄 수 있는 가장 자랑스러운 상중의 상이다.

378 재외동포, 그들은 한국 교회 선교의 모세혈관이기도 하다. 그동안 한국 교회는 재외동포라는 보석 같은 선교의 자원과 대상에 대해 바른 시각을 같지 못한 아쉬움이 있다. 재외동포, 이들이 새고 있는 선교의 둑을 막아낼 수 있다.

379 선교는 그 땅에 사는 영혼들의 삶을 보고 그들의 이야기를 듣고 그들의 생명을 이어온 맛을 느껴보고 기록하는 것이다.

380 선교는 하나님의 은혜를 깨닫는 것이다. 필요한 것에는 부족함이 없게 하시고 욕심은 바라지 않도록 해 주신 것이 하나님께서 주시는 은혜이다. 내가 원하는 삶의 목표가 있다 할지라도 나를 성숙함으로 변화시킬 수 없는 것은 욕심이다. 꼭 필요한 것은 그것이 무엇이든 나를 성숙하게 변화시키는 동기가 된다.

묵상

년   월   일

381 선교는 진리를 삶에 적용하게 하는 힘이다. 진리는 개인적으로 깨달아 스스로 적용하는 힘이지 집단의 규정을 따라 피동적으로 하는 일이 아니다. 집단속에서는 진리에 순종하기보다 위선에 동조할 때가 더 많다.

382 선교는 '진리를 그 땅으로 보내는 것'이다. (폴 워셔 목사의 정의, 허트크라이(HeartCry)대표. 페루, 아프리카 선교사. 현재 미국 남침례교 순회 설교자)

383 선교는 용서 받은 죄인이라면 누구나 해야 하는 하나님의 심부름이다.

384 선교적 행위는 집단 감정보다 말씀에 의한 이성이 우선되어야 한다. 공동체에는 '동정'이란 기묘한 감정이 흐르고 있다. 분명히 잘못된 일이고불순한 의도가 있는 행동이지만 그것을 지적하는 순간 갑자기 선이 악이 되고 불의가 정당화 되는 집단 감정 전환이 있다.

년   월   일

팔라교회. 핍박을 피해 도망간 마을에 세운 3번째 종탑

피터팬 같은 선교사

임 헌 만

(백석대학교 교수)

교수라는 자리가 주는 영예로 인하여 가끔 지인들에게 저서 추천의 글을 부탁 받을 때가 있다. 그러나 대부분은 가능한 정중히 사양을 한다. 그 이유는 추천서를 쓰기에 내 자신의 부족함으로 인한 겸허함이거나, 이미 쓰레기 산처럼 쌓여있는 도서 가운데 별 내용 없는 또 한권의 책이 출간되어 나오는 것에 일조하는 것은 아닌가하는 교만한 생각에서이다

삼십여 년 동안 오랜 친구인 '메콩강소년' 정도연 선교사에게서 "선교란"이라는 묵상집 추천의 글을 부탁 받았다. 묵상집을 읽어 내려가면서 이 책은 '선교'라는 제한된 영역의 기독교인들뿐만 아니라, 각 나라의 언어로 번역되어 가능한 많은 사람들에게 읽혀졌으면 하는 바람으로 추천의 글을 올린다.

한 마디로 정도연 선교사의 모든 글, 한 땀 한 땀 적힌 묵상의 내용은 한 번에 읽어 버릴 수 있는 내용이 아니라, 매일의 삶에서 꼭꼭 씹어 먹어 소화 시켜야 하는 밥과 같은 글이다. 왜냐하면 그의 글들은 그저 멋진 단어들로 데코레이션화된 '말장난'이 아니라 결코 쉽게 걸어올 수 없는, 선교사 생애의 길을 발톱이 빠져 가면서 체득해 얻은 경험적 지혜 곧 육화(Incarnation)된 글들이기 때문이다.

묵상집은 자신의 지식을 전달해 주려는 목적으로 저술한 책이 아니라, 자신의 삶에서 우러나온 깊은 우물에서 한 두레박씩 퍼 올려진 문장들이 모여진 책이다. 그러므로 그 글을 쓴 사람이 어떠한 사람인가를 모르는 독자에게는, 요즘 사람들이 쉽게 내뱉는 "너나 잘하세요!"라는 생각을 하게 만든다.

그러나 본 묵상 에세이 글은 선교의 현장에서 영원히 늙지 않는 피터팬같은 순수한 열정으로 자신의 삶을 살아내는, 메콩강소년의 진솔한 내용을 조금이라도 아는 사람에게는 뱃속 깊은 곳에서부터 뜨거운 울음이 올라오게 하는 감동이 있게 하는 글들로 가득하다.

무엇보다 『선교란』 에세이 묵상글은 단기 선교나 장기 선교를 떠나려는 선교 지원자들은 물론 "가든지 보내든지 하라!"는 우리 주 예수 그리스도의 명령에 순복해야하는, 모든 크리스천들이 매일 하루에 한 꼭

지씩 되새겨 묵상하길 강추 하고픈 책이다.

그중에 한 꼭지 363번의 글을 인용하며 어줍잖은 추천의 글을 접는다.

선교사 25. 내가 하고 싶은 일에 헌신하기보다, 내가 해야 할 일에 순종하는 자이다. 내가 하고 싶은 일에는 이미 많은 헌신자가 있지만 내가 순종해야 하는 일에는 오직 나의 순종만을 기다리고 모든 것이 준비되어 있기 때문이다.

- 주후 2019년 늦가을 백석대학교 교정에서 친우 임헌만
임헌만 교수의 장인 목사님 소개로 만난 20년지기

빠마이 구름

빠마이 구름은

제 한 몸 가누기도 힘드나 보다

산을 오르고 오르다 지쳤는지

축 처진 모습으로 골짜기에 내려와 앉는다

빠마이 구름은

나그네 길에 지쳐 조나 보다

꾸벅 꾸벅 졸다 이내 깊은 잠에 빠졌는지

잠꼬대도 없이 움직이지도 않는다

빠마이 구름은

매일 퍼붓는 비에 젖어 무겁나 보다

빗물에 퉁퉁 불은 솜뭉치 몸을 의지하고 싶은지

산허리를 의지해 휘감고 지나간다

아니다

선교는 삶이다 IV 219

빠마이 구름은
제 몸 가누기가 힘들지도…
지쳐 졸지도…
빗물에 불지도…
않았다

빠마이 구름은
그저 때 묻지 않은 작은 에덴,
아직 살아있는 모든 것들이
순수한 아름다움으로 남아있는
이 동산에 함께 살고 싶을 뿐이다

8월 어느 날 빠마이에서°

385 선교는 한 민족과 그들의 역사와 문화, 전통과 풍습, 경제와 정치 사회, 자연환경 등 한 영혼의 삶과 그의 삶과 관계된 모든 것을 보고 듣고 기록하여 남기는 것이다.

386 선교는 받은 사랑을 다시 전달해 주는 심부름이다. 나눔은 물질의 여유가 아닌 마음의 풍성함이 만드는 기적이다. 마음의 풍성함은 감사에서 나오고 감사는 받은 사랑을 깨달을 때 나타난다. 가진 자의 인색함이 문제가 되는 것은 받은 사랑을 자기 땀으로 여기고 구제를 자신의 명예와 맞바꾸기 때문이다. 누군가의 명예에 들러리를 서주고 빵을 얻는 곳에는 더 진한 배고픔만 남을 뿐이다. 가진 자, 소유하고 있는 것이 우월감이든 열등의식이든 가난한 자, 억눌린 자, 외로운 자, 굶주린 자, 헐벗은 자를 당신의 명예나 순간적인 쾌락을 위해 더 이상 이용하고 울리지 말라!

387 선교는 하나님의 섭리를 인간의 한계 안에 제한하지 않는 것이

년   월   일

다. 인간들이 자기 한계 안에 하나님의 일을 가두어 해석하려 하는 것이 선교학의 가장 큰 오류다.

388 선교는 순종하는 믿음이다. 하나님께서 원하시는 믿음은 하나님의 말씀에 순종하는 믿음이고, 우리가 가진 믿음은 그를 이용하는 믿음이 많다. 하나님은 그가 베푼 은혜로 순종하는 믿음이 자라는 것이지만 우리는 은혜 속에서 그를 이용하는 욕심을 키워왔다.

389 선교는 영적인 재테크다. 경제적 자립은 세상을 살아가는 모두가 안고 있는 중요한 과제다. 한국교회가 하고 있는 선교현장의 재정 자립에 대한 태도는 심각하다. 동정은 베푸는 자의 만족이 먼저지만 긍휼은 받는 자의 회복이 우선이다. **선교는** 동정을 주는 것이 아니다. 예수님의 마음으로 긍휼을 베풀어 재생산이 이루어지게 하는 것이다. 동정은 현 상태를 연장하게 하지만 긍휼은 재생산으로 이어지게 한다. 우리가 재테크 할 때 가장 효율적으로 운영해 주는 곳에 나의 재산을

년   월   일

맡기는 것과 같은 원리를 적용할 수 있다.

390 선교는 자신에 대한 구속이다. 매일 자신에게 과제를 내주고 그 과제에 충실한 하루를 살고 그 과제물을 점검하는 삶이다.

391 선교는 공의를 위해 열정적으로 일하는 중에 저지른 실수는 서로 감싸 안고 극복해야 하지만, 자신의 유익을 위해 의도적으로 공의를 이용하는 악은 용납되어서는 안 되는 것이다.

392 선교는 하나님의 아들 예수 그리스도의 십자가라는 공통분모를 삶의 전 영역으로 확산해 가는 것이다.

393 선교는 항상 능동적으로 순종해야 하지만 결과는 늘 수동적으로 다가 오는 것이다.

년   월   일

394 선교는 그 나라의 법을 지키고 그 백성을 위하여 선을 행하면서도 늘 마음 졸이고 눈치 보며 사는 삶이다.

395 선교사의 기도편지나 보고서, 설교에는 자칫 자신의 홍보가 중심이 될 수 가 있는데 늘 살펴서 조심해야 할 것이다. 또한 현지의 사정을 지나치게 자극적이고 동정적으로 보고하려는 태도는 지양해야하며, 그런 내용은 없는지 늘 점검해야 한다. 그 선교사와 복음을 듣는 자는 물론, 함께하는 동역자들이 죄의 부끄러운 모습을 깨달아가고 속사람을 변화시키는 노력으로 이어질 수 있는 내용이어야 할 것 이다. 죄인을 설득하려는 홍보에는 진실을 담을 수 없고 옅은 동정심에는 숨겨진 죄와 그 죄를 합리화 시키고 스스로 면죄부를 주고 싶은 위선이 들어 있기 때문이다.

396 나에게 선교사란 직분을 주신 하나님의 뜻은 나로 목사나 선교사로 성공한 사람이 되라는 것 보다, 내가 예수 그리스도 안에서 거듭

묵상

년   월   일

난 그리스도인으로 살아가도록 주신 은혜이다.

397 선교사는 동역하는 교회를 방문해 선교 보고와 설교할 때, 함께 동역하는 교회의 성도들과 목회자의 부족함을 보충해주어, 선교에 참여하는 교회를 시원하게 해 주는 자가 되어야 한다. (고전16:15-18)

398 선교사는 하나님에 대한 충성을 가르치고 그 본이 되는 삶으로, 사물을 섬기며 사물에 충성하던 삶이 생명을 섬기며 생명을 섬기는 자와 함께 일하고 순종하게 하는 자이다.

399 선교는 인간 조직의 직위나 위대한 업적을 남기는 일이 아닌 예수 그리스도의 삶을 따른 이념과 철학을 남기는 삶이다.

묵상

년   월   일

지정석

문 형 록

(반석기초이앤씨 주, 반석건설기술 주 대표이사)

　정도연! 그는 내게는 고등학교 5년 선배님, 목사님 그리고 선교사님 세 가지 이름으로 불리어진다. 그와의 만남은 10여 년 전쯤 태국 치앙 마이 선교지에서 시작이 되었다. 당시 교회 단기 선교팀과 함께 현지를 방문했다. 안내하는 선교사의 사투리 억양을 통해 동향임을 직감하고 자연스레 고향과 함께 출신학교로 질문은 연결되었다. 그 선교사를 통해 동역하는 메콩강 공동체 대표가 고등학교 선배님이라는 사실을 알게 되었다. 이후 잦은 만남을 통해 더욱 친숙한 사이가 되었다.

　정도연 선교사! 그는 까칠하고 직설적이지만 겸손하고 헌신적이다. 그와는 일 년에 서너 번 이상은 만나는데 만나는 장소도 강남 고속버스 터미널, 동서울 터미널 근처다. 예전에는 서초동 찜질방에서 만난 적도 있었다. 지금은 삼성 사옥을 짓느라고 찜질방이 없어졌지만 꽤 오랫동안 숙소비를 아끼려고 이용했다고 한다. 오히려 찜질방에서 사회의 단면을 보는 소중한 경험을 했다고 웃으면서 이야기할 때, 그의 내공에 전율을 느낀 적도 있었다.

그와는 글로 전화로 또는 직접 대면하는 여러 모양으로 만나고 있다. 매일같이 글을 보내오는 성실함과 꾸준함에 놀라지만 그의 글은 묵상 없이는 읽혀지지 않는 깊이가 있다. 때로는 그를 알아야만 오해가 없고 현장을 제대로 알아야 이해할 수 있는, 오랜 시간 묵혀온 삶의 글이기 때문이다. 그의 글에서 나는 한 리더로서 공동체를 이끌어야 하는 책임감을 엿본다. 영적인 것은 물론이고 재정적으로 상당한 부담을 안고 있는 그의 처절함이 짙게 느껴지기도 한다. 기업체 경영자인 나의 삶과 닮아있는 부분이어서 더욱 그렇다.

한국에 와서도 후배에게 부담될 까봐 연락하지 않는 경우가 대부분인데 가끔 내게 전화가 올 때가 있다. 그리고 필요한 재정에 대해 동참 해 줄 것을 부탁한다. 나는 그의 부탁이 맨 마지막임을 직감으로 안다. 후배인 내게 부담 주기 싫어 차례를 나중으로 하는 것 같다. 매번 '네. 알겠습니다'라고 즉답을 하는 것은 아니지만 의무감과 빚진 자로서 대답하곤 한다.

그는 '지정석'이라는 단어를 자주 사용한다. 나는 그에게서 하나님께서 사명으로 주신 그 지정석을 지키려고 부단 노력하는 모습을 본다.

건강한 공동체를 세우고 유지하기 위해, 기도와 행동으로 가꾸어 가는 모습을 보면서 나의 지정석에 대해서도 깊은 생각을 해 본다. 나는 보내는 선교사로서 이미 가서 전하는 선교사에게 많은 후원을 못해 늘 죄송하지만, 그를 통해 헌신과 성숙한 신앙을 배워 가고 있다.

정도연 선교사! 그가 30년 동안 태국 북부지역인 치앙마이, 치앙라이와 미얀마 동부 지역에서 일구어 낸 선교역사는 실로 대단하다. 수많은 소수민족 현지 사역자들을 길러왔고, 교육을 통해 복음 전파의 사명을 이어 가고 있다. 이는 30년을 그의 동역자들과 함께 해온 헌신이 만들어 낸 것들이다. 앞으로도 많은 난관과 시련들이 있겠지만, 그의 헌신의 리더십으로 선교역사의 한 모델로 굳건히 세워져 갈 것을 믿는다. 그는 여전히 내게 늘 자랑스런 선배님이고 목사님이다. 그러나 무엇보다도 그는 헌신의 선교사님으로 내게 머물고 있다.

- 10년 동안 기도와 사랑의 동역자 되어준 고등학교 후배

기나 긴 여정, 거슬러 가 보셨나 봐요

정 도 연

지그시 감은 눈 미동도 없이

마지막 박자를 향해 희미해져 가는

심장 박동에 맞추어

빠깔렝, 후에이린, 께루앙, 아꺼, 후에이야노, 와방을 거쳐

메사이 국경 다리를 숨죽이며 넘어

타칠랙을 지나 치앙뚱까지

심방 다녀오셨지요

때로는 말을 타기도 하고

재수좋은 날은 마약 운송 차량도 얻어 타고

한창 생존을 위해 힘을 규합해 가던

국민당 잔류 병력의 도움도 받으셨지만

복음을 들고 가던 대부분은 두 발로

쉬지 않고 걸으셨다지요

지친 몸 잠시 쉬게 되면 해가 지고
어둠이 깔리면 산짐승이 위험해서보다
주님의 때가 지나갈 것이 더 두려워
그렇게 쉬지 않고 걷고 또 걸으셨지요

오늘, 11시 28분 32초, 늦은 시간까지,

그날 후에이린 성탄 예배를 마치고
꼭강을 건너오던 시간보다 늦으셨네요

오셨던 그길 다시 돌아가며
만났던 영혼들 위로하시고
영광의 주님 보좌를 이야기해 주시며
그 구원의 날
그 나라에서 만나자고 인사 다니시느라
그렇게 미동도 없이 미소만 지으신 채로
삼일을 머무셨나요

나이빵 목사님을 추모하며

400 선교는 성경적 바른 신앙을 지키고 전하는, 거룩한 자존감을 지키기 위해 죄로 오염된 자존심과 싸우는 일이며, 나의 수고하고 땀 흘림 속에 생명을 품고 그들을 사랑으로 섬기고 지켜 주기 위해 나의 자존심을 내려놓는 일이다.

401 선교는 성경이 말하는 삶, 즉 하나님 나라의 삶을 가르치고 실천하고 모범을 보이는 것이다. 예수님은 제자들을 세미나를 통해서 보다는 삶의 현장을 더 자주 보여주셨고, 그것을 통해 교훈하고 가르치셨다. 메콩강공동체 제자들도 교실보다 함께 땀 흘린 현장 출신인 것에 자부심을 가져본다.

402 선교는 26년 동안 답장 한 마디 없어도 시간이 되면 또 다시 기도 편지를 써서 보내야 하는 것이다. 왜냐하면 기도편지를 통해 내가 변화되고 성장하며 이 편지를 받는 이들도 복음으로 성숙되어져야 할 동일한 대상이기 때문이다.

년   월   일

403 선교는 영육의 건강관리이다. 몇 년째 방치 되다시피 한 창고를 청소하다 남학생 다섯 명이 온 몸에 발진이 일었다. 급히 약을 사서 먹이고 발랐더니 다행히 좋아졌지만, 내 마음의 염려는 가시지 않아 예배 후에 아이들 이불을 모두 털고 햇볕에 말리도록 했다. 공동체 생활에서 가장 중요한 것은 뭐니 뭐니 해도 육과 영의 건강이다. 내 존재의 이유도 이것이라 생각하는데, 문제는 이 모두가 하나님의 고유한 영역이라는 것이다. 그래서 복음을 전하는 선교는 참으로 두렵고 떨리는 일이다.

404 선교는 하나님의 영광을 위해 하나님의 관점에서 하나님을 위한 하나님과 예수님의 이야기를 하는 것이지, 나를 위해 나의 입장에서 나를 위한 이야기에 하나님과 예수님의 이름을 사용하는 것이 아니다.

405 선교는 가능한 모든 면에서 최선을 다해야 하지만 최대의 결과에 만족하기보다 최소한의 결과, 즉 한 영혼을 얻는 것에 진심으로 기뻐하고 감사하는 것이다. 선교사가 한 영혼을 주께 돌아오도록 하는,

년   월   일

그 일을 위해 최선을 다 하는 '과정'이 선교사의 열매로 현지 영혼들에게 보여주고 남겨야 할 유산이다.

406 선교사들의 모임인 각종 선교사회의 가장 중요한 일은 바른 신앙과 신학을 지키고 보호하는 것이다. 함께 모여 교제하고 큰 사역을 도모 할 수도 있지만 십자가 복음의 바른 정체성, 하나님의 뜻을 하나님의 관점에서 전하고 실천하며 지키는 것보다 우선되어서는 안 된다. 이 일에 소극적이면서 사람과 돈이 모이면 '정치집단'이 되어 이단의 은신처가 되고 악의 세탁소가 될 수 있다. 그래서 모일 때 마다 그 시대 속에 사명의 탈을 쓰고, 바른 복음을 유혹하는 변질된 신학과 이단의 정체에 대해 함께 연구하여, 모든 회원들이 바른 복음의 방향에 서서 일할 수 있도록 도와야 한다. 이는 각 기독교 교단의 가장 중요한 정체성이기도 하다.

407 선교는 지혜로 참여한 사람과 물질로 참여한 사람, 몸으로 참

묵상

년   월   일

여한 사람이 삼위일체가 되어 하나님께서 맡기신 영혼들을 섬겨서 저들도 누군가를 섬기며 사는 '재생산'을 이루어 가는 것이다. 건강한 선교를 위해서는 지혜와 물질과 헌신의 균형이 중요하다. 이 균형이 무너지면 갈등으로 힘이 낭비되고 역효과로 이어질 수도 있다. 지혜와 헌신으로 이 일에 동역하는 선교사로서 더욱 기도와 성령의 도우심이 필요한 순간이 있다. 물질을 희생하는 동역자의 입장을 생각해 주고 전달 받은 물질을 관리해 나가며, 말씀과 기도와 또 그간의 오랜 경험 속에서 얻은 한 가지 교훈이 있다면, 어떤 경우에도 섬기는 영혼이 우선순위가 되어야 한다는 것이다.

408 선교는 많이 보고 듣고 돌아가 기도와 사랑을 쉬지 않는 것이다. 먼저 된 자들이 나중 되지 않도록 먼저 된 자들의 영적 성숙을 돕는 일이다. 먼저 된 자는 아직 예수 그리스도를 알지 못하는 자들에게 그의 복음을 전하는 일을 통해 하나님의 뜻을 바르고, 깊고 넓게 이해하고 성숙해 갈 수 있다.

묵상

년   월   일

409 소수부족 교회를 방문할 때마다 이번에는 어떤 성도를 통해 나에게 귀한 깨우침과 위로의 말씀을 주실까 기대하며, 저들의 이야기에 귀 기울이는 것이다. 십자가와 부활의 복음을 깨닫고 그 진리를 따라 살려 애쓰는 성도들의 모습에 길고 험한 길의 피로를 씻고 새 힘을 얻는 시간이다.

410 한 삶의 완성은 그 마음에 거룩한 성전이 세워지는 것이고, 한 사회나 공동체의 완성도 그 중심에 예수 그리스도의 몸 된 교회가 세워지며, 그 교회가 거룩한 의무와 책임을 다하는 것이다.

411 세상은 나만 배부르면 되지만 **선교는** 모든 생명들이 다 하나님과 화목한 관계가 되는 꿈을 꾸는 것이다. 진정한 배부름이란 하나님과 화목 하는 것이란 비밀을 깨닫고 누리는 자를 성도라 하고, 성도는 화목케 하는 직책을 받은 자다. (고전5:18) 하나님과 화목 하는 길은 평강의 왕으로 십자가에서 죽으신 하나님의 아들 예수 그리스도를 믿

년   월   일

고 그를 선포하는 것이다. 내가 화목케 하는 자가 되려면 반드시 내가 그리스도와 함께 십자가에 못 박혀 죽어야 한다. (갈2:20) 선교는 이처럼 내가 죽는 길이다.

412 선교는 오르고 건너기 불편한 산을 넘고 강을 건너듯 불편한 사람과의 만남도 넘고 건너야 한다. 산과 강은 여전히 그대로인지 몰라도 강은 건너는 사람이 있고 산은 넘는 사람이 있다. 태산이 높아도 하늘 아래 산이다. 위로부터 오는 비는 아무도 막을 수 없다.

413 선교는 삶의 가을이다. 가을은 나를 비우는 시간이다. 동토를 파내 녹여 씨를 뿌리고, 뜨거운 태양 아래 쏟아낸 구슬 땀 방울을 따 선물 바구니에 담는 시간이다. 가을은 열매를 내어주고 헐벗은 채 눈보라 맞으러 가는 길목이다. 겨울은 풍성한 열매를 품고는 갈 수 없는 시간이다. 가을은 무거운 짐 벗어 버리고 빈손을 만드는 계절이다.

년   월   일

414 세상은 나만 배부르면 되지만 **선교는** 모든 생명들이 다 하나님과 화목한 관계가 되는 꿈을 꾸는 것이다. 진정한 배부름이란 하나님과 화목 하는 것이란 비밀을 깨닫고 누리는 자를 성도라 하고, 성도는 화목케 하는 직책을 받은 자이다. (고전5:18) 하나님과 화목 하는 길은 평강의 왕으로 십자가에서 죽으신 하나님의 아들 예수 그리스도를 믿고 그를 선포하는 것이다. 내가 화목케 하는 자가 되려면 반드시 내가 그리스도와 함께 십자가에 못 박혀 죽어야 한다. (갈2:20). 선교는 이처럼 내가 죽는 길이다.

415 선교는 하나님 앞에서 예배의 지정석을 지키며 하나님 나라를 선포하고 가르치는 지혜이지, 세상의 영웅이 되는 비결을 가르치는 간교함이 아니다. 세상에는 지혜의 이름으로 그럴듯하게 포장했지만 내용은 간교함으로 꽉 찬 것들의 유혹이 난무하다. 하나님의 일은 하나님께서 보내신 예수를 영접하고 믿고 의지하는 것이고, 그것이 하나님 앞에서 우리의 유일한 착한 행실이라 하셨다. 우리의 그 착한 행실을

묵상

본 자들이 하늘에 계신 아버지께 영광을 돌리게 하는 것이 선교이지, 인간의 가능성을 자극하는 것은 복음이 아니다(마5:16, 요6:28-29).

416 선교는 예배다. 선교사의 가장 중요한 의무와 책임은 자신이 예배자가 되는 것이고, 그를 만난 영혼들이 하나님께 예배하는 자가 되게 하는 것이다. 예배가 그들 삶의 기준이 되고 예배의 대상이신 하나님의 말씀이 그들 삶의 중심이 되게 하는 것이다. 특별히 공교회에서 공동체로 드리는 예배의 지정석과 지정시간을 신실하게 지키는 모범을 보이고 가르치며, 예배의 환경을 만들어 가야 한다. 아무리 훌륭한 일을 한다할지라도 예배의 지정석을 지키지 못하는 열정은, 누군가의 예배의 지정석과 지정시간을 방해하는 가짜 복음이다.

417 선교사는 어리석은듯 지혜롭고 바보스럽게 담대하며 사랑하지만 냉철하고 냉정해 보이지만 따뜻해야 한다. 가난해 보여도 넉넉해야 하고 많이 듣고 보아야 하지만 침묵할 줄 알며 약해보이지만 강단 있

묵상

년 월 일

게 앞장서야 한다. 강하지만 부드럽고 우유부단해 보이지만 단호하며 겸손하지만 명확해야 한다. 미련스럽게 참지만 칼처럼 결단해야 하고 느린 것 같지만 성실해야 한다.

418 선교는 사랑의 눈으로 보는 것이다. 사랑으로 보면 생명이 보이지만 사랑 없이 보면 절망뿐인 것이 선교다. 선교사는 사랑의 샘이 마르지 않아야 한다. 사랑의 샘은 진리의 말씀이 나를 적시고 흘러넘칠 때 가능하다. 그러므로 선교는 주야로 말씀을 묵상하며 진리의 영의 지배를 받도록 깨어 있어야 하는 것이다.

419 선교는 세상 나그네 삶을 포장했던 모든 것들을 벗어 던지고 예수 그리스도의 세마포 옷, 그 사랑의 옷만 입는 것이다. 나의 생각과 감성, 입술을 지배하던 나를 벗어 버리고 예수의 생각과 감성으로 예수를 말하며 예수와 동행하는 것이다. 가난해진 마음에 인류의 유일한 '의'이신 예수 그리스도를 채우고 그를 위하여 핍박 받는 자의 복, 곧 천

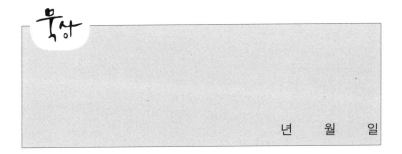

년   월   일

국을 누리는 것이다(마5:3,10)

420 선교사는 온유해야 한다. 온유는 하나님의 위로를 경험한 하나님의 백성의 성품으로 보이는 현상세계에 마음을 빼앗기지 않고, 묵묵히 하나님의 약속의 성취를 바라보는 것이다. 온유한 자는 하나님 나라를 기업으로 받은 자이다. 이 땅에서 받은 하나님 나라의 기업은 내가 거룩한 그리스도의 몸 된 교회가 되는 것이다.

421 하나님의 계획과 섭리 속에 늘 빠지지 않는 것은 순종하는 자의 변화다. **선교는** 대상자의 변화나 성숙 보다 선교사가 복음으로 인해 변하여 가는 과정이다. (롬12:2)

422 선교사는 영적 자존감을 무리나 군중 속에서 찾으려 하지 않고 하나님과의 독대에서 찾는 자다. 영적 침체를 만날 때 환경 탓하지 않고 약속의 말씀의 진의를 깨닫지 못함에서 찾으며, 나의 약함을 소유와

묵상

년   월   일

기회의 문제라 핑계하지 않고 나의 게으름과 불성실을 고백하는 자다. 사역의 만족과 삶의 기쁨을 내가 이룬 가시적인 결과에서 찾지 않고, 나를 만난 생명과 나의 성숙한 변화에서 느끼며 감사하는 자다.

423 선교는 삶의 모든 문제를 약속의 말씀에서 찾고 그 말씀의 진의를 깨닫는 것이다. 삶의 차이를 보이는 소유와 기회에서 찾지 않고 보이는 것을 지배하는 믿음에서 찾는 것이다.

424 선교는 동역하는 한국 교회와 세계 교회가 복음의 순수한 열정을 신실하게 이어갈 수 있는 동기 부여가 되어야 하고, 먼저 된 성도들이 삶의 현장에서 더욱 충성해야 할 힘의 원천이 되어야 한다.

묵상

년   월   일

바쁨의 중독자

박 다 윗

(SIM국제선교회 태평양 - 아시아 권역대표)

바쁨에 중독되어 사는 일상의 유혹은 선교사나 목회자라고 비켜가지 않습니다. 말씀보다는 소문에 더 민감하고, 묵상보다는 악플을 곱씹으며, 주님의 위로보다는 〈좋아요〉의 숫자에 미소 짓고 있지는 않은지 모르겠습니다. 예수님의 명성보다는 자신과, 단체, 교단의 명성에 더 목말라 하는지 모르겠습니다. 그리스도의 한량없는 은혜를 헤아리기보다 다른 숫자를 열심히 세고 있는지 모르겠습니다. 그러나 이런 분들도 주님의 소명을 받던 날에는 그렇지 않으셨을 것입니다.

이 땅에 많은 사람들이 주님의 일을 하기 위해 아브라함처럼 출발하지만, 시간이 지날수록 롯과 같이 이상한 곳으로 가까이 가지는 않은지 되돌아보게 됩니다. 주님 일을 한다고 하는 사람들은 더욱 겸허히 하나님의 거울에 자신을 비춰봐야겠습니다. 조용히 주님 앞에 앉아 하루를 돌아보며 자신을 반추하고 반성해야 합니다.

"선교란"은 주님 일로 바쁜 와중에도 자신을 돌아보며 반추한 정도연 선교사님의 단상들을 모은 책입니다. 30여년의 선교사역을 통해 자신을 끊임없이 반추하고, 하나님 앞에서 삶과 사역을 잘 하고 있는지 돌아보며 쓴 짧은 글들입니다. 때로 내면의 세계가 가감 없이 드러나기도 하지만 이 모든 것이 지금도 성숙하고, 지금도 자신을 개선해 가고 있는 증거이기도 합니다.

이러한 단상들은 또한 30년 선교사역을 통해 하나님을 제대로 섬기기 위해 몸부림치며 나온 자신학, 자선교학의 구슬들입니다. 이제 이 구슬들을 모아 『선교란』을 내게 되었습니다. 이 수고와 땀과 고통을 지나오며 깨달아진 단상들을 읽어 보십시오. 이해되는 대로 적용해 보십시오. 그리고 자신의 삶을 반추하고 바꾸는데 사용해 보십시오. 여러분의 구슬들도 다른 사람들의 삶과 사역의 반추에서 비롯된 구슬들과 함께 세상을 밝히게 될 것입니다.

- 10년간 영적 대가족으로 함께 해 주신 선교사님

타향

정 도 연

송편은
고향과 함께 빚어야
추억이 되나 봅니다.
이곳에선 아무리 빚고 빚어도
그리되지 않으니 말입니다.

보름달은
동무들과 함께 보아야
휘영청 밝은 달이 되나 봅니다.
그리도 많이 빌었건만
마음을 비추지 않으니 말입니다.

2008년 추석날

보석의 4단계와 신앙생활

나는 선교 초창기를 '메싸이' 국경과 가까운 '메짠공동체'를 중심으로 보냈다. 메싸이는 당시 세계에서 가장 유명한 루비와 사파이어 원석 시장이 열리는 곳이었고 서당개 3년이면 풍월을 읊는다고 그곳을 중심으로 생활하는 동안 보석과 하나님 나라의 관계를 이해하는 작은 깨달음을 얻었다.

보석은 세상에 똑같은 것이 하나도 없으며 어떠한 환경과 상황에서도 변하지 않는 것이다. 그 빛을 잃지 않고 그 고유한 색이 변하지 않으며 그 강함이 약해지지도 않는다. 변치 않으시는 신실하신 하나님의 형상을 보석에 비유한 말씀을 보며 그의 형상으로 지음 받은 내가 그 나라의 보석이라는 것을 알았다.

이브의 모든 후예는 보석에 끌리게 되어있다. 보석이 싫다고 하는 것은 진짜 보석을 보지 못해서든지 진짜를 보았지만 소유할 능력이 없어서다. 교회가 싫다는 사람은 진짜 예수를 만나지 못했거나 진짜 그분을 아는데도 그분 앞에 나가 그 거룩한 나라를 소유하기에는 버려야 할 것들이 너무 많기 때문이다.

보석이 온전히 제 가치를 인정받고 쓰임 받기 위해서는 광산에서 발굴될 때부터 4단계를 거쳐야 한다. 성경에 하나님 나라를 보석에 비유한 것은 보석이 보석으로 쓰임 받기 위한 4단계 과정과 창세전에 하나님의 자녀로 택함 받은 성도가 하나님의 은혜로 구원받아 하나님의 거룩한 백성으로 변화되어 가는 과정이 같아서다.

첫째, 천연석(Natural) 단계

보석도 그 가치를 모르는 자들에게는 여러 돌 중 하나일 뿐이다. 최초 보석은 그 가치를 아는 광부에 의해서 발견되고 채굴된다. 광부는 보석 광산의 흙을 파내 돌들을 물로 씻은 후 넓은 채에 담는다. 그 잡석들 속에서 보석을 고르는 일은 주로 밤에 한다. 보석은 어두운 밤에 더 반짝이기 때문이다.

원석은 그 빛과 색을 여러 이물질이 막고 있어서 그 속에 고유한 빛과 색이 아직 드러나지 않은 상태다. 오랜 경험 속에 축적된 지혜를 가진 광부들의 눈만이 그것들의 가치를 알아보고 잡석들 속에서 빛나는 광채를 품고 있는 보석을 골라낼 수 있다. 광부는 값진 보석 한 알을 찾기 위해 그의 전 삶을 투자하는 자다.

예수 그리스도의 십자가와 부활의 복음을 듣기 전의 하나님 자녀의 모습이 원석과 같다 할 수 있다. 하나님의 형상으로 지음 받은 모든 인간에게는 그 형상이 발하는 빛이 있고 영적 광부들은 그를 하나님 나라로 인도해 간다.

목사나 선교사, 모든 영적 리더는 하나님 나라 광산의 광부다. 신분의 귀천이나 남녀노소, 배운 자나 못 배운 자를 상관하지 않고 그 안에 빛나는 하나님의 형상을 바라보는 자다. 비록 세상 온갖 것들이 붙어 있어 지저분할지라도 하나님이 기다리는 생명이기에 그의 말씀 앞으로 인도하는 자다. 원석이 어둠 속에서 구별되는 것처럼 하나님의 형상은 이 세상의 어둠을 뚫고 그 빛을 발한다.

둘째, 버닝(Burning)단계

광부에 의해 채굴되고 구별된 원석이 그 보석의 가치를 인정받기 위해서는 그의 몸에서 순수한 보석 성분만 남기고 나머지 불순물을 제거해 내야 한다. 보석은 그 강도에 따라 가치가 결정된다. 다이아몬드는 10, 사파이어와 루비는 9, 토파즈는 8, 에메랄드와 자수정은 7, 오팔은 6이다. 미얀마 '멍수'에서 나온 루비(ruby)나 사파이어(sapphire)는 높은 열에서 온갖 불순물을 태우는 버닝(Burning) 단계를 거친다.

원석에 섞여 있는 불순물이나 그 보석의 강도에 미치지 못한 것들을 제거하기 위해서는 원석을 용광로 안에 넣고 1400-1700도 정도의 열로 보석에 붙어있는 것들을 태운다. 이 단계를 거치면 여느 돌과 같은 평범함은 사라지고 누가 보아도 보석의 특성이 드러나기 시작한다.

원석 상태가 좋아 보인다고 해서 버닝 후도 다 좋은 보석 알로 나오는 것은 아니다. 좋은 보석을 기대하며 용광로에 넣었는데 다 타버리고 없거나 쓸모없을 만큼 부서진 상태가 되어버리는 경우가 있고 그저 그런 보석으로 여겼는데 불순물을 태우고 나니 그 안에 감추어진 영롱한 빛과 예쁜 보석 살을 드러내기도 한다.

성도 역시 그렇다. 죄라는 불순물과 섞여 있어서 하나님의 형상이란 빛을 드러내지 못하고 있던 우리가 영적 광부들에 의해 복음을 듣고 예수를 구주로 영접하여 교회로 인도되면 하나님의 말씀을 통해 성령세례를 받게 된다. 성령의 용광로 속에서 죄로 오염되고 더럽혀진 부분이 태워지고 거듭나면서 하나님의 말씀에 반응하는 하나님의 형상으로 회복되어간다. 그러면 누구라도 그가 하나님의 보석임을 알아보고 감사하게 된다.

또한 세상 기준에 비추어 교회의 좋은 보석이 될 거라 기대했는데 정작 하나님 말씀에 조명해보면 그 속에는 온갖 잡다한 것들만 가득한 경우가 있고 세상에서는 보잘것없어 보이는 자였는데 말씀으로 거듭나고 보니 하나님 나라의 귀한 보석으로 발견되기도 한다.

3. 커팅(Cutting) 단계

모든 보석은 커팅단계를 거쳐야 비로소 사용 가능한 보석이 된다. 버닝 후 빛은 더 영롱해지고 색도 선명한 제 색을 찾으나 그 모양은 각이 나고 모난 모습 그대로다. 보석은 강하기 때문에 다듬지 않은 보석을 함께 두면 서로 찌르고 상처를 낸다. 그래서 보석 디자이너는 그 고유의 빛이 가장 아름답게 드러날 수 있도록 디자인한 다음 그 빛을 가로막고 있는 모난 부분들은 단호하게 잘라내고 거친 부분은 미세한 연마기를 이용해 부드럽게 다듬는다.

크다고 좋은 보석이 아니다. 캐럿이 줄더라도 모나고 거친 부분은 잘라내야 다른 보석과 어울려 시너지 빛을 발할 수 있다.

모든 보석이 커팅단계를 거쳐야 하는 것처럼 하나님의 보석인 성도도 하나님이 사용하실 수 있는 모습으로 작아져야 한다. 복음을 듣고 성령세례를 받아 구원의 확신이 있을지라도 죄의 습관을 따라 살던 방법을 다 버린 것은 아니다. 성경 지식이 풍부하고 기도도 많이 하고 봉사와 섬김도 잘하는데 그의 곁에만 가면 상처를 받는 자가 있다. 모나고 거친 죄의 습관을 버리지 못하고 다듬지 않아서다.

성도의 커팅은 교회 생활과 영적 대가족 생활을 통해 이루어진다. 보석이 보석 되기 위해서는 깎이는 아픔을 맛보아야 하듯 성도는 영적 다이어트의 아픔을 기쁨으로 성화시켜 나가야 한다. 그래야 다른 생명과 함께할 수 있다.

영적 현장의 갈등은 영적 비만에서 시작된다. 나의 모난 성품과 습관 위에 은혜의 옷을 입으려는 욕심 때문이다. 사역을 도구로 상대를 다듬으려 할 때 문제가 발생한다. 하덕규 시인은 "상처 입고 날아온 작은 새들도 내 마음의 가시에 찔려 날아간 것은 내 속에 내가 너무 많아서"라고 했다. 신앙생활은 서로를 다듬어 가는 것이다. 하나님께서 나를 불러 하나님 나라의 일을 맡기신 것은 내가 없으면 그 일을 할 수 없기 때문이 아니다. 오히려 그 일을 통해 나의 모난 부분을 다듬어 내가 있어야 할 자리를 빛나게 해 주시려는 것이다.

비만은 불필요한 부분이라는 의미보다 나의 아름다운 본질을 가로막고 드러나지 못하게 하는 안타까운 것이다. 한국교회의 영적 비만이 심각하다. 하늘의 만나보다 인간이 만든 인스턴트 말씀에 길든 탓이다. 하나님의 지혜를 자기 욕망을 위한 변명으로 도구화시킨 탓이다.

하나님 나라에 필요 없는 부분을 잘라내는 것이 성화의 길이다. 하나님의 선물인 은사에 욕심과 교만, 이기심이 가득하다. 하나님 앞에 충성의 기회를 얻으려면 나의 모난 부분을 먼저 다듬어야 한다. 하나님께서 주신 은사가 활동할 수 있도록 내 안의 불순물을 제거하는 아픔과 고통을 이겨내야 한다. 내가 사랑하는 것들을 버리는 아픔을 기뻐해야 한다. 내가 아직 아픈 것은 내가 누군가를 아프게 하고 있기 때문이다.

성도의 세상 여정은 영적 다이어트를 하는 것이다. 하나님이 쓰시기에 가장 적합한 상태로 다듬는 것이 영적 다이어트다. 세상의 기준은 크고 작음, 많고 적음의 기준이지만 하나님 나라의 기준은 필요한 것이냐 불필요한 것이냐. 양으로 따지는 수십 가지 일 보다 꼭 필요한 일 한 가지에 신실한 자가 충성스러운 자다. 하나님 나라의 보석은 하나님께서 천국에 예비하신 나의 지정석에 딱 맞을 때까지 다듬어지는 고통을 이겨내야 한다.

4. 셋팅(Setting) 단계

아무리 단단하고 빛이 영롱한 희귀보석일지라도 보석은 혼자 있으면 제 값을 받을 수 없다. 보석은 다른 보석들과 조화를 이루어 세팅되어 있을 때 진정한 가치를 인정받는다. 커팅 단계를 거친 보석 알은 백화점이나 보석 가게의 진열대 빛나는 조명 아래서 진짜 주인을 기다린다. 보석은 금이나 은, 다이아몬드 등과 같은 다른 보석들과 함께 반지나 목걸이, 팔찌 등으로 세팅되어야 그 시너지 효과(Synergy Effect)를 낼 수 있다.

성도 역시 개개인이 혼자서 주님을 섬기는 것보다는 여러 다른 색깔을 가진 다양한 지체들과 함께 연합하여 공동체를 이룰 때 30배, 60배, 100배의 아름다움과 향기를 세상에 드러낼 수 있다.

보석의 빛은 또 다른 보석의 빛을 비출 때 더욱 아름답게 빛난다. 성도의 빛은 누군가를 비추어 빛나게 하는 빛이다. 하나님께서 지정해 주신 나의 지정석은 예수 그리스도를 머리로 삼아 서로를 비추는 지체의 연합으로 거룩한 빛이 되는 것이다.

천연석과 합성성을 구별하는 방법

보석에는 하나님이 창조한 천연석이 있고, 인간이 천연석의 강도와 색을 따라 비슷하게 만들어낸 합성석, 그리고 색과 모양은 같아도 강도가 떨어지는 가짜가 있다. 가짜는 구별이 쉬우나 천연석과 합성석을 구별하는 것은 꽤 어렵다.

하지만 천연석과 합성성을 쉽게 구별하는 방법 속에 은혜의 법칙이 있다. 천연석은 제아무리 좋고 비싼 것일지라도 어딘가에 약점이 있는 반면에 합성석은 약점을 찾기 어려울 정도로 완벽해 보인다. 만약 내 아내, 남편, 담임목사에게 흠이 있다면 그것은 그가 나의 천연보석이기 때문이다. 하지만 약점을 쉽게 찾을 수 없는 존재로 보인다면 그는 가짜 보석, 합성석일 가능성이 크다.

다음으로 천연석은 자연 빛에서 더 신비스럽게 빛나지만 합성석은 쇼 윈도의 불빛 아래서 더 강렬한 빛을 발한다. 내가 하나님 나라의 보석이라면 나는 복음의 빛 아래서 아름다워야 한다. 만약 세상이 제시한 조건 속에서 그 빛이 찬란하다면 그는 합성석이다.

보석을 볼 때는 15배, 25배, 50배 등의 확대경을 통해 그 내부를 들여다볼 수 있다. 만약 내가 천연보석에 대한 경험이 적으면 낮은 배율, 내가 소화할 만큼의 배줌으로 보아야 보석을 아름답게 감상할 수 있다. 나의 소화 능력은 2배인데 5배로 보려고 욕심을 낸다면 보석의 아름다움을 보기보다 그 안의 흠이나 약함을 보고 실망하고 시험에 들 수도 있기 때문이다.

천연석은 세상에 오직 하나이고 합성석은 수 천 수 만 개가 있다. 하나님이 창조한 하나님 나라의 천연석인 나는 둘일 수 없다. 내가 둘이면 그중에 하나는 버려야 할 인조인간이리라.

보석의 값을 책정하는 것은 그 값만큼의 아름다움이 있고 그 이상으로 책정할 수 없는 어떤 약함이 있다. 비싼 보석을 주고받으라는 이야기가 아니다. 아름다운 마음을 나누라는 것이다.

보석의 정의가 '변하지 않는 것'이라면 보석의 가치는 내 마음의 보석이다. 내 마음의 보석은 예수, 그 이름이다.

에필로그 I

선교의 4단계

나의 지난 30년 선교역사를 4단계로 정리해 본다.

1단계 : 교회개척 — 남의 터 위에 세우지 않는 것

"나는 이와 같이, 그리스도의 이름이 알려진 곳 말고, 알려지지 않은 곳에서 복음을 전하는 것을 명예로 삼았습니다. 나는 남이 닦아 놓은 터 위에다가 집을 짓지 않으려 하였습니다"(롬15:20)

전도자 입장에서 한 이 말을 이미 복음을 듣고 믿는 자에게 적용하면, 곧 나는 복음의 첫 사랑을 지키는 것을 명예롭게 여긴다는 말이다. 은혜의 첫 사랑을 배반하고도 양심의 가책을 느끼지 못하는 자가 있는가 하면, 그런 자들을 여러 장치를 통해 은근히 끌어 모으면서 하나님의 능력과 복으로 성장했다며 자랑삼는 교회들도 많다. 그들은 불륜이 뜨거운 것처럼 '남의 터' 위에 세운 부끄러움을 감추려고 더욱 열정을 품는다. 그러나 회개는 첫 사랑에게 돌아가 첫 사랑을 회복하는 것이다.

나는 나름대로 바울의 선교 이념을 실현하기 위해 '남의 터'란 무엇인가 끊임없이 생각하며 몇 시간씩 헤매고 걸으며 복음이 필요한 곳을 찾았다. 그래서 내가 만난 현장의 대부분은 오지였고 영적으로도 오지였다.

"그들이 네 말을 들으리니 너는 그들의 장로들과 함께 애굽 왕에게 이르기를 히브리 사람의 하나님 여호와께서 우리에게 임하셨은즉 우리가 우리 하나님 여호와께 희생을 드리려 하오니 사흘길쯤 광야로 가기를 허락하소서 하라"(출3:18).

선교는 삶의 기준을 예수 그리스의 몸 된 교회 중심으로 세워주는 것이며 예배의 지정석, 지정시간, 지정역할을 지키며 살게 하는 것이다.

이렇게 예배의 지정석, 시간, 역할을 잘 감당하는 자들로 세우기 위해서는 넘어야 할 벽이 있었다. 교회개척과 함께 교육은 미뤄둘 수 없는 시급한 문제로 다가왔다. 체계적이고 깊이 있는 양육은 생각처럼 쉽게 이루어지는 일이 아니었다.

2단계 : 교육, 제자양육 – 내 무지의 벽을 깨는 것

"그들을 내버려 두어라. 그들은 눈 먼 사람이면서 눈 먼 사람을 인도하는 길잡이들이다. 눈 먼 사람이 눈 먼 사람을 인도하면, 둘 다 구덩

이에 빠질 것이다."(마15:14).

　저들의 문맹 퇴치와 영적 제자양육의 과정 중에 느낀 것은 아이러니
하게도 나의 무지였다. 나는 그들을 잘 알지 못했다. 그들의 오랜 삶의
습관이나 문화, 역사 등등, 그들이 문맹인 것을 안타깝게 여겼지만 나
역시 언어에서 완전히 자유롭지 못했다.

　무지는 내 안에 있었다. 머리는 목회학석사 과정을 마친 자였지만 그
들을 이해하고 말하는 수준은 유치원 수준이었다. 그들의 문화와 전통
뿐 아니라 그들에게 전하고 가르치려는 하나님과 율법과 복음, 사랑에
대해 그들이 아닌 내가 너무 무지하다는 것을 깨닫게 된 것이다. 무지
는 말이 많고 교만하며 불필요한 열정으로 이어져 많은 것을 낭비하게
했다. 무지와 영적 빈곤이 상처이고 갈등이고 진짜 빈곤이다.

　그렇다면 무엇을 교육해야 할 것인가?
　"내가 율법이나 선지자나 폐하러 온 줄로 생각지 말라 폐하러 온 것
이 아니요 완전케 하려 함이로라"(마5:17)
　예수 그리스도의 십자가와 부활의 복음이 참 교육해야할 내용이다.
선악과 조각을 입에 물고 예수를 전하는 나를 깨닫는 것이며 율법에
숨겨진 예수를 찾는 것이다.
　교육이 교육되게 하려면 꼭 갖춰야 할 것이 있는데 그것이 경제적 자

럼이다.

3단계 : 경제적 자립 – 게으름을 이겨내는 것

"우리가 여러분과 함께 있을 때에 "일하기를 싫어하는 사람은 먹지도
말라" 하고 거듭 명하였습니다."(살후3:10)

경제적 의존은 곧 떳떳하지 못하고 당당하지 못한 인간관계를 형성
하게 했다.

교육의 1차 목표는 게으름을 이겨내게 하는 것이었다. 얼마든지 남
을 의존하지 않고도 살 수 있는 환경인데, 그들은 안이한 삶의 가난을
선택했고 이는 곧 필연적 게으름으로 이어졌다.

게으른 자들을 깨우는 방법은 '왕의 꿈'을 꾸게 하는 것이다(창37:6-
9). 왕의 꿈은 내 수고의 열매로 생명을 품는 것이다. 기독교인의 꿈은
포지션이 아니다. 십부장, 백부장의 꿈은 생명을 품는 꿈이어야 한다.

요셉의 경우 꿈을 꾸고 그 꿈을 이야기 했을 때 듣는 형들이나 아버
지가 그의 위치를 말해 주었다. 우리도 우리 자녀들이나 선교지의 형제
자매들이 꿈을 꾸게 하고 그 꿈을 들어주며, 그들이 해야 할 일을 알려
주어야 할 것이다.

여기서 잠시 게으름을 쫓기 위해 내가 무슨 일들을 했는지 돌아보고 자 한다. 나는 그들이 수고의 열매를 얻는 기쁨을 맛보았으면 싶었다. 그래서 수박, 호박, 열무, 깻잎을 심고 소, 돼지, 타조를 길렀다. 양어장 에서 물고기를 기르며 자급자족을 꿈꾸었다. 보석커팅 기술을 가르치 고, 식당을 운영하도록 해보고, 미용실과 떡 공장을 맡아서 하도록 했 다. 물론 나의 들끓는 열정에 누가 말만 꺼내도 땅에 떨어질까 얼른 받 아서 아이들을 들들 볶다시피 해서 이 모든 것들을 시도했다. 하지만 많은 것들은 실패의 연속이었다.

돌아보면 전문가가 장기적인 계획을 가지고 그 일에 매달려 살다시 피 해도 될동말동한 일들이었다. 말로 들을 때는 모든 것이 가능할 것 같았고 자신이 있었다. 그렇지만 내가 가진 지식의 대부분은 귀동냥한 것들로 움키면 한 줌 손 안에 구겨지는 습자지처럼 얇은 것들이었다. 더구나 깊은 산을 드나들며 교회개척 하는 것이 마음의 큰 기쁨이었고 만족이었던 시절이었으니, 홍길동이도 나만 했을까 하는 교만한 마음 도 은근했다.

나중에야 깨닫고 고백하게 된 것이지만 당시는 치기어린 나의 행동 에 대해 돌아볼 여유도, 인정할 만한 겸손도 없었다. 세월이 한참 지난 후에야 나는 그때의 순간들이 적잖이 부끄럽게 여겨졌고, 그때 그 일 을 함께 해 왔던 제자들과 사역자들에게 나의 실패와 실수를 고백하고 나의 허물을 용서해줄 것을 부탁했다. 그때의 제자들이 나의 30년지기 동역자들이 되었다. 많은 사람들이 떠나가는 아픔도 겪었고 많은 것들을 실패했음에도 용기를 잃지 않는 것은, 나의 30년지기 동역자들 때문이리라.

남은 동역자들 외에도 몇 가지 성공적인 일들이 지금까지 이어져 소수부족의 자립의 모델이 되었고, 하면 된다는 그들 자신의 가능성의 모델이 되어주고 있다. 무엇보다 당시의 실패가 실패로 그쳐 버린 것이 아니라 그것들이 아이들의 삶속에 도전정신과 경험적 지식으로 쌓여, 그들 삶의 개척에 밑거름이 되었다는 사실을 뒤늦게 알아가는 것도, 나에게 다시 일어서고 도전할 힘이 되는 이유이기도 하다.

이런저런 일들을 해보며 조금 살만해 지니 삶의 여유가 문제로 다가옴을 느꼈다.

4단계 : 문화의 벽 – 잉여의 물질과 시간과 마음에 생명을 품는 것

요일5:3 하나님을 사랑하는 것은 그 계명을 지키는 것입니다. 하나님의 계명은 무거운 짐이 아닙니다. 4 하나님에게서 태어난 사람은 다 세상을 이기기 때문입니다. 세상을 이긴 승리는 이것이니, 곧 우리의 믿

음입니다. 5 세상을 이기는 사람은 누구입니까? 예수가 하나님의 아들이심을 믿는 사람이 아니고 누구겠습니까?

"남에게 나누어 주는데도 더욱 부유해지는 사람이 있는가 하면, 마땅히 쓸 것까지 아끼는데도 가난해지는 사람이 있다."(잠11:24)

인간은 여유 시간과 에너지를 바르게 사용할 수 없을 뿐만 아니라 이것들을 자기가 하나님 되는 도구로 사용하는 교만한 존재다. 문화는 잉여 시간, 에너지, 소유에서 발생한다. 문화 선교는 어떻게 이 잉여가 복음의 통제를 받게 할 것인가 하는 고민에서 출발한다. 답은 그 잉여로 생명을 품는 것이다. 잉여 시간에 생명을 섬기고 잉여 에너지로 생명을 살리는 것이다.

에필로그 II

자립 선교의 3대 요소

1. 자립의 당위성

자립의 당위성은 주의 몸 된 교회를 개척하여 세우는 것이다. 자립선교란 주제로 선교사의 역할을 생각해 보면, 선교사는 한국교회로부터 투자를 받아 선교 현장에 그리스도의 몸 된 교회를 세우는 일에 투자하는 중개자다.

영적 투자자들에는 큰 손이란 교회도 있지만 개미군단이란 성도가 있다. 이들이 나를 현장에 파송한 것은 그 곳에 지속적인 투자 상황을 만들라는 것이다. 그러므로 선교사역의 우선순위는 영적 재생산이 가능한 교회를 세우는 것이다.

그 확실한 투자현장을 만들어 놓지도 않고서 투자를 계속해 달라거나 올려 달라는 것은 설득력이 부족하다.

오늘날 교회나 선교현장의 어려움은 투자자들의 상황이 어려워져서 투자를 멈춘 것이 아니다. 그들은 전혀 변하지 않았다. 투자한 현장이

불확실해 투자의 당위성을 잃은 것이다.

투자받은 영적 리더들의 변화가 없으면 이미 투자 한 것까지 빼내려 할 것이다. 돌아선 개미군단의 마음을 다잡게 하는 것은 영적현장에서 생명을 품는 것이다.

2. 자립의 우선순위

자립의 우선순위는 영적자립이다. 자립은 필요를 채우는 것이 아니고 관계로부터 자유하는 것이다. 자립에는 영적 자립과 육적 자립이 있고, 인간의 관계에는 절대 의존관계가 있고 상대적 의존관계가 있다.

인간과 하나님의 절대 의존관계는 가까워져야 자유를 회복하지만, 인간과 인간사이의 상대적 의존관계는 그 구속에서 벗어나야 자유롭고 하나님과의 관계가 깊어질 수 있다.

교회나 선교현장의 자립은 영적 자립이 절대 우선이다. 영적자립은 하나님의 뜻이 내 삶 속에서 이루어지기를 원하는 자리로 내려가서, 그의 뜻을 구하고 그의 뜻을 내 삶에 채우고 그의 뜻을 흘리며 사는 것이다. 그때 비로소 육적자립의 당위성이 일어난다. 생명의 말씀에 목이 마르게 되고 저들의 육체적 결핍이 아닌 영혼의 절대빈곤이 문제이고, 그

것을 해결하는 것은 하나님의 말씀, 사랑이란 것을 깨닫게 될 것이다.

3. 자립의 의무, 책임, 권리

"각각 자기의 짐을 질 것이라"(갈6:5). 깨져 새는 항아리를 채울 수는 없다. 어디나 자립은 새는 에너지, 불필요한 지출을 막는 것에서 시작된다.

영적현장의 자립은 값싼 은혜의 이름으로 용납되고 있는 의무와 책임의 누수현상을 먼저 차단해야 한다.

받은 은사를 따라 각자 맡은 일에 의무와 책임을 다하는 곳에 자립의 길이 있다. 그렇게 의무와 책임을 완수했을 때 주어지는 것이 권리다.

의무와 책임은 나누어 질 수 없고 나누어 져서도 안 된다. 의무와 책임은 자기 몫의 십자가이다. 하지만 정당하게 얻은 권리는 독점하지 않고 나누어야 더욱 풍성 해진다.

나의 권리가 누군가의 의무와 책임의 배경이 될 때는 자립의 시너지가 발생하지만, 자기 역할을 다하지 않는 권리 주장은 자립의 동력을 약화시킨다.

선교란